AF224890

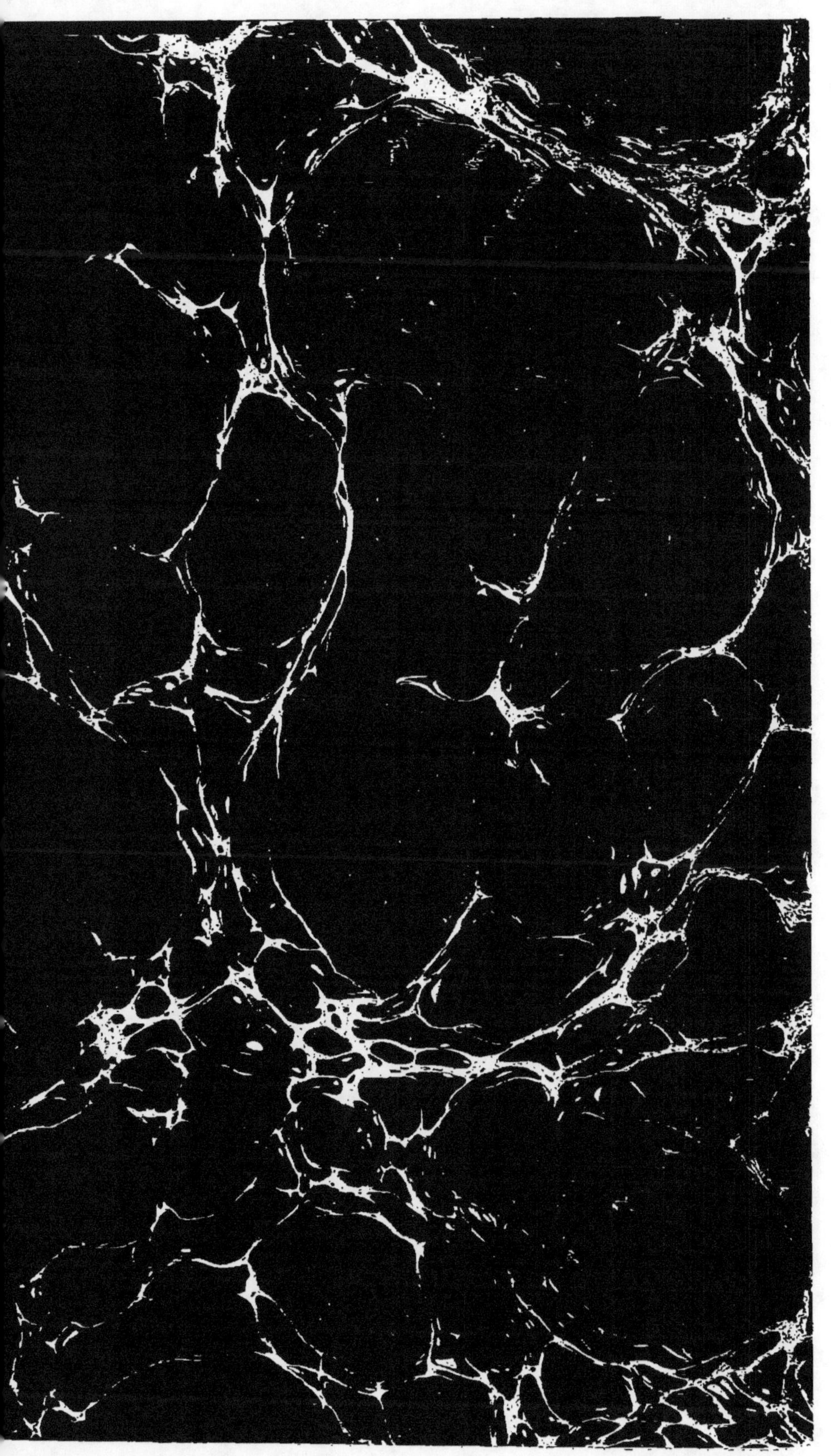

LA GUERRE FRANCO-ALLEMANDE

Bruxelles. — Imprimerie de Ch. et A. Vanderauwera.

LA GUERRE

FRANCO-ALLEMANDE

DE 1870-71

AVEC

NOTES BIOGRAPHIQUES DES PRINCIPAUX GÉNÉRAUX
FRANÇAIS ET ALLEMANDS
ET UNE CARTE GÉNÉRALE DU THÉATRE DE LA GUERRE
ACCOMPAGNÉE D'UN PLAN DE PARIS
ET DES PLANS
DES PRINCIPAUX CHAMPS DE BATAILLE

PAR

O. F. LECONTE

SECONDE ÉDITION

BRUXELLES

KIESSLING ET Cᴵᵉ, LIBRAIRES-ÉDITEURS

26, MONTAGNE DE LA COUR, 26

1871

PRÉFACE POUR LA 2ᵉ ÉDITION.

Peu de jours se sont écoulés depuis la publication de notre opuscule, et déjà l'accueil bienveillant du public nécessite une seconde édition.

Entretemps les événements ont marché vite. Les trois armées françaises destinées à secourir Paris ont été battues de façon à ne plus pouvoir rien entreprendre pour son salut ; la capitale s'est rendue tout comme Metz. Elle y a été forcée par la faim, comme Metz ; elle a essayé en vain des sorties sur une grande échelle et peut-être dans de meilleures conditions que Bazaine à Metz, car les troupes sortant de Paris avaient plus d'espace pour se développer ; pourtant elle n'a pas réussi ! Faut-il conclure de là que Trochu, Vinoy, Ducrot, Jules Favre sont aussi des traîtres ? ou s'apercevra-t-on que l'on a lancé trop vite cette accusation contre Bazaine ? Conviendra-t-on enfin que souvent pendant cette guerre on a fait des plans sans tenir compte des forces et de l'habileté de l'ennemi?

Espérons que l'Assemblée nationale n'écoutera plus les déclamations de l'apôtre de la résistance à outrance, M. Gambetta, et qu'elle comprendra mieux que lui et son parti l'intérêt de la France. Nous croyons que si le midi de la France avait, comme le nord, éprouvé les horreurs de la guerre, il serait beaucoup moins disposé à crier : « Aux armes! » Nous sommes convaincus que les armées que la France pourrait rassembler encore seraient battues aussi bien que celles de Chanzy, de Faidherbe et de Bourbaki; que ce serait une boucherie inutile, et qu'il vaudrait infiniment mieux pour la France de s'avouer franchement vaincue. Qu'elle fasse la paix; nous le lui conseillons dans son propre intérêt.

O.-F. Leconte.

Le 12 février 1871.

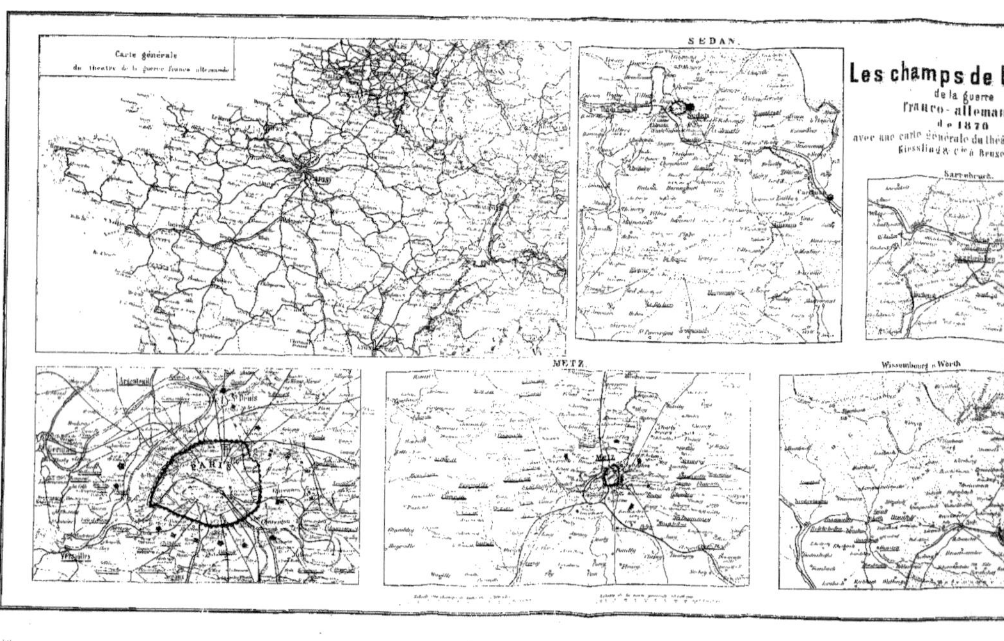

Carte générale
du theatre de la guerre franco-allemande
SEDAN.
Les champs de b[ataille]
de la guerre
franco-alleman[de]
de 1870
avec une carte générale du théâ[tre]
Kiessling & Cie à Bruxe[lles]
Sarrebourg.
METZ.
Wissembourg u. Wörth.
PARIS
Versailles
St Denis
Argenteuil

LA GUERRE
FRANCO-ALLEMANDE
DE 1870-71

Le motif de la guerre qui attriste actuellement le monde, a été fort contesté de part et d'autre, comme cela s'est fait du reste pour presque toutes les guerres qui ont déjà dévasté notre vieille Europe.

Le prétexte de celle-ci a été trouvé par le gouvernement français dans la candidature du prince Léopold de Hohenzollern au trône d'Espagne. Son frère Frédéric paraît avoir été pris en considération d'abord : ce choix était connu du gouvernement des Tuileries et fut accepté, parce que suivant des bruits, l'impératrice Eugénie espérait marier ce prince à une de ses parentes. Malheureusement ce projet de mariage ne souriait pas aux gouvernants de l'Espagne et leur fit préférer la candidature du prince Léopold, marié à une fille de l'ex-roi Ferdinand de Portugal.

C'est alors que ce projet de mettre un prince de Hohenzollern sur le trône d'Espagne ne convint plus à Paris, quoique cette branche catholique des Hohenzollern fût parente assez proche de la famille Bonaparte, mais nullement parente de la branche protestante qui règne en Prusse, avec laquelle elle n'a plus guère de commun que le nom.

L'essai de Napoléon d'accorder quelques petites libertés à la nation française, ne lui avait pas trop bien réussi; l'opinion publique demandait plus qu'il ne pouvait accorder, sans risquer d'être renversé, lui et sa dynastie. Il fallait par conséquent trouver au dehors une occupation pour l'esprit public en France, afin de détourner l'attention des affaires intérieures qui commençait à devenir gênante. On saisit donc avidement ce mince prétexte de la candidature d'un Hohenzollern au trône d'Espagne, criant bien fort que l'honneur de la France ne pouvait permettre que l'on rétablît l'empire de Charles-Quint au profit de la Prusse, et bien d'autres phrases de même valeur. Le prince Léopold, homme très-paisible, retira immédiatement sa candidature, pour ne pas fournir un prétexte de guerre, mais cela ne faisait pas l'affaire du cabinet des Tuileries; on cherchait la guerre avec la Prusse, voilà pourquoi on formula de nouvelles conditions, tellement exigeantes que l'on pouvait être sûr de les voir repousser. C'est ce qui arriva; le roi Guillaume ne voulut plus recevoir l'ambassadeur de France au sujet de cette affaire, et cette question de forme fournit le *casus belli* tant désiré contre la Prusse, cette puissance à laquelle la France a gardé depuis 1815 une rancune profonde, ravivée en 1866 par la campagne rapide et brillante contre l'Autriche. On était certain d'entraîner l'opinion publique pour une guerre contre la Prusse, chose fort douteuse, par exemple, pour une guerre contre l'Espagne, qui était pourtant bien plus en cause que la Prusse. Que n'a-t-on pas écrit et dit en France contre cette puissance depuis 1866, et quel enthousiasme lorsque la guerre fut déclarée! Guerre fratricide entre deux nations destinées plutôt à se donner la main pour guider le monde dans les voies du progrès, qu'à s'entre-tuer pour un vain prétexte d'amour-propre, ou par une jalousie de gloriole guerrière; car nous sommes convaincus que ce dernier motif a également contribué beaucoup à pousser la nation française dans cette guerre terrible. Nous disons la *nation française*, parce que c'est elle qui s'est donnée à un Napoléon; elle doit par conséquent porter sa part de responsabilité dans cette folle équipée. Il y eut certainement quelque opposition de la part de la gauche du Corps législatif, et notamment M. Thiers parla avec beaucoup de courage, ce qui lui attira l'épithète de « Prussien », regardée comme injurieuse par tout bon Français; mais rien n'y fit. D'ailleurs la gauche elle-même après la guerre de 1866, avait reproché au gouvernement d'avoir laissé faire la Prusse, et de ne pas l'avoir empêchée de s'agrandir; alors c'était un moyen d'opposition contre le gouvernement impérial, comme en dernier lieu elle parla pour la paix par le même motif. M. Thiers a dit du reste qu'il désapprouvait la guerre, parce que le moment n'était pas bien choisi; il connaissait sans doute mieux que les autres députés la force de l'Allemagne et la faiblesse de la France, au moment de la déclaration de la guerre. Ces députés de la gauche sont, à peu de noms près, les mêmes qui forment aujourd'hui le gouvernement en France. Lorsque l'Empire s'écroula après la journée de Sedan, ils saisirent les rênes du gouvernement, ce qui fut certainement un acte de grand courage, et proclamèrent la République. Tout le monde espérait la paix, mais au lieu de convoquer une assemblée nationale et de lui soumettre les conditions de la paix que l'on aurait dû faire préciser par le gouvernement allemand, on n'en fit rien; on lança une proclamation fulgurante déclarant que ni un pouce de terrain, ni une pierre des forteresses ne serait cédé par la France. Il est vrai que l'opinion en Allemagne revendiquait l'Alsace et la partie allemande de la Lorraine, que la France avait arrachées à l'Allemagne lorsque celle-ci était faible et divisée. Si ce pays avait eu conscience de sa force, il est plus que probable que cette revendication n'aurait plus été nécessaire aujourd'hui, et ce serait chose faite depuis 1815 : mais alors la jalousie des autres puissances préféra laisser ces provinces à la France. Pourtant c'est ce pays qui se flatte d'avoir émis l'idée du principe des nationalités et de l'avoir mis en pratique; car c'est pour cette idée qu'il fit la guerre d'Italie contre l'Autriche, lui prit la Lombardie pour la céder à l'Italie et se fit donner en échange Nice et la Savoie. Il paraît que ce principe n'est bon que quand la France veut bien le permettre, car lorsque l'Allemagne cherche à son tour à en profiter, on voit quelles angoisses patriotiques éprouve la nation française. Elle ne peut pas reprocher à l'Allemagne d'avoir provoqué la guerre pour prendre ces provinces, tandis qu'elle-même n'a certainement entrepris cette guerre qu'avec la pensée bien arrêtée de conquérir ses frontières, *dites naturelles*. Ce que l'honneur de l'Allemagne aurait dû souffrir, si la

France avait été victorieuse, pourquoi l'honneur de la France ne pourrait-il pas le supporter en ce moment? Est-ce que son honneur est autrement constitué ou supérieur à celui des autres nations? Elle dit que ce serait la réduire au rang d'une puissance de second ordre; mais si son influence et sa position en Europe consistent dans le nombre de ses départements, elle occuperait toujours la même place que lors de la guerre d'Italie. Si nous pouvions donner un conseil à la France, nous lui dirions de faire la paix, *une paix sincère*, le plus tôt possible, même au prix du sacrifice des trois départements allemands; d'établir une république basée sur les principes de la vraie liberté, c'est-à-dire: la liberté pour tous, mais non pas celle d'un seul parti, ce qui ne serait qu'une autre forme de la tyrannie; d'améliorer son instruction publique en adoptant l'instruction obligatoire, et il nous semble qu'elle reprendrait vite la place qui lui est due en Europe. Son prestige et son influence y gagneraient infiniment, elle n'aurait nullement à regretter ces trois départements étrangers d'origine, et elle retirerait de cette guerre sanglante au lieu d'une humiliation des avantages tels que les plaies faites par la guerre seraient vite cicatrisées. Nous sommes persuadés que l'Autriche ne regrette guère ses provinces italiennes, et la Prusse devrait et pourrait fort bien céder les quelques districts danois, même abandonner sa province polonaise, sans pour cela amoindrir, en quoi que ce soit, sa force ou son influence.

Au moment où nous écrivions ces lignes, nous trouvions dans l'*Indépendance belge* du 10 novembre 1870, une lettre adressée à M. Gambetta par un diplomate français, qui prouve que nous ne sommes pas seuls à penser ainsi. L'auteur croit encore à une restauration de Napoléon, idée que nous ne partageons pas, car cette restauration est simplement impossible; ceci constaté, nous nous permettons d'emprunter à cette lettre le passage qui exprime des idées semblables aux nôtres, voici ce qu'elle dit :

« Voilà, monsieur, la comédie, ou plutôt le drame qui
» se joue en ce moment. Le seul moyen d'en empêcher le
» dénoûment, à mon avis, c'est : 1° de faire la paix, coûte
» que coûte, et en disant coûte que coûte, je dis aux meil-
» leures conditions possibles; exiler pendant un temps
» indéterminé l'Empereur, l'Impératrice, son fils et les
» maréchaux; 2° faire rentrer l'armée qui sera alors
» l'armée de l'ordre de la République, et non l'armée de
» l'ordre de l'Empire, et consolider par la constitution
» légale du gouvernement la République. C'est dans cette
» république et avec elle que vous trouverez les armes
» pacifiques qui serviront à nous venger des princes et
» rois de l'Allemagne mieux que les canons et les chasse-
» pots. Vous n'avez pas à vous inquiéter de quelques
» lieues de territoire de plus ou de moins; pour la Répu-
» blique, il n'est pas de barrières, ni de délimitation; les
» peuples sont frères, et les forteresses ne servent plus à
» rien qu'à emprisonner les tyrans qui inquiètent. En
» agissant ainsi, vous battez la Prusse et l'Empire, vous
» fondez le régime républicain dont les économies auront
» bien vite comblé le déficit impérial, et vous rendez au
» pays, *non l'arrogante influence qui l'a fait détester de*
» *l'Europe, mais la légitime sympathie* que les peuples à
» défaut des rois auront toujours pour un gouvernement

» dont ils n'auront plus à redouter l'ambition. mais à
» reconquérir l'amitié, car ce sera le gouvernement de
» leur prédilection. »

Nous partageons entièrement l'opinion émise dans les lignes précédentes; puissent les hommes qui gouvernent la France en ce moment écouter ces conseils et mettre de côté un faux orgueil qui ne sert qu'à appauvrir la France du meilleur de son sang. Puisqu'elle prétend marcher à la tête de la civilisation, qu'elle donne l'exemple de la sagesse qu'elle réclame toujours des autres nations. Selon nous, il n'y a aucun déshonneur à être vaincu par la force des armes.

Avant de passer aux faits militaires de cette année si mémorable, nous donnerons un aperçu des forces belligérantes, et nous croyons être agréable au lecteur en y ajoutant quelques notes biographiques sur les principaux généraux des deux nations en guerre.

L'armée française comprend sur le pied de guerre :

350 batail. d'infanterie formant env.	250,000	hommes
Plus les bataillons de dépôt . . .	75,000	»
250 escadrons de cavalerie . . .	40,000	»
Et pour les dépôts	15,000	»
208 batteries d'artillerie avec 1,000 pièces environ	30,000	»

En y ajoutant les troupes du génie, les pontonniers, le train, quelques régiments de troupes africaines, nous trouverons un total de 500,000 hommes en chiffre rond. Il faut encore mentionner les 100,000 hommes fournis par les gardes mobiles, francs tireurs et autres corps de ce genre qui se trouvaient à peu près exercés au commencement des hostilités. Il est certain pourtant que la moitié seulement de ces 600,000 hommes pouvaient entrer immédiatement en campagne et se trouvaient échelonnés le long de la frontière.

Cette armée de 300,000 hommes à peu près, était divisée en 8 corps d'armée composés comme suit :

Ier corps. Maréchal Mac-Mahon, quartier général à Strasbourg.

1re division. Général Ducrot;
2e » » A. Douay;
3e » » Raoult;
4e » » Latigue;
et une division de cavalerie, sous le général Duhesme.

IIe corps. Général Frossard, quartier général à Saint-Avold.

1re division, Général Bergé;
2e » » Bataille;
3e » » de Laveaucoupet;
et une division de cavalerie, sous le général Lichtlin.

IIIe corps. Maréchal Bazaine (plus tard général Decaen), quartier général à Metz.

1re division. Général Montaudon;
2e » » Castagny;
3e » » Metman;
4e » » Decaen;
et une division de cavalerie, sous le général de Clérambault.

IVe corps. Général de Ladmirault, quartier général à Thionville.

1re division. Général de Cissey;
2e   »   »   Rose;
3e   »   »   de Lorencez;
et une division de cavalerie, sous le général Legrand.

V^e corps. Général de Failly, quartier général à Bitche.
1re division. Général Goze;
2e   »   »   de l'Abadie-d'Aydrien;
3e   »   »   Guyot de Lespars;
et une division de cavalerie, sous le général Brahault.

VIe corps. Maréchal Canrobert, quartier général à Châlons.

1re division. Général Texier;
2e   »   »   Bisson;
3e   »   »   Lafond de Villiers;
4e   »   »   Martimprey;
et une division de cavalerie, sous le général de Salignac-Fénélon.

VIIe corps. Général Félix Douay, quartier général à Belfort (?).

1re division. Général Corneil-Dumesnil;
2e   »   »   Liebert;
3e   »   »   Dumont.
La division de cavalerie n'était pas désignée. La réserve de cavalerie se composait de quatre régiments de

chasseurs d'Afrique, six régiments de cuirassiers et deux régiments de dragons.

La garde impériale, commandée par le général Bourbaki, ayant son quartier général d'abord à Nancy, formait le VIIIe corps ; elle se composait de la :

1re division. Général Deligny ;

2e   „   „   Picard ;

et de la division de cavalerie, sous le général Desveaux.

L'armée allemande est composée des divers contingents des pays allemands :

1° L'armée de la Confédération du Nord ;

2° L'armée bavaroise ;

3° L'armée wurtembergeoise ; et

4° L'armée badoise ;

toutes réunies sous le commandement du roi de Prusse depuis les traités de 1866.

L'armée de la Confédération du Nord comprend sur le pied de guerre :

380 bataillons d'infanterie formant environ 380,000 h.
300 escadrons de cavalerie formant environ   45,000   „
200 batteries d'artillerie, avec 1,200 pièces   30,000   „
13 bataillons du génie formant environ .   8,000   „
Et 13 bataillons du train formant environ .   19,000   „

En y ajoutant les officiers, non compris dans ces chiffres, les troupes d'administration et autres, nous aurons un total d'environ 550,000 hommes.

Plus la réserve forte d'environ 186,000 hommes.

Et les troupes de garnison (landwehr) 200,000 hommes.

De sorte que pour toute l'armée sur pied de guerre, nous arrivons à un chiffre de 936,000 hommes.

L'armée bavaroise se compose sur le pied de guerre de

58 bataillons d'infanterie, soit environ	58,000	hommes
40 escadrons de cavalerie, »	6,000	»
32 batteries d'artillerie avec 192 pièces.	4,800	»
Génie, train, etc.	1,200	»
Réserve	40,000	»
Total. . .	110,000	hommes

L'armée wurtembergeoise compte :

20 bataillons d'infanterie, soit . . .	20,000	hommes
16 escadrons de cavalerie	2,400	»
9 batteries d'artillerie (54 pièces) . .	1,800	»
Génie, train, etc.	500	»
Réserve	12,000	»
Total. . .	36,700	hommes

L'armée badoise se monte sur pied de guerre à :

18 bataillons d'infanterie, soit. . .	18,000	hommes
12 escadrons de cavalerie, soit . .	1,800	»
7 batteries d'artillerie, 42 pièces. .	1,400	»
Génie, train, etc	400	»
Réserve	15,000	»
Total . . .	36,600	hommes

En récapitulant les diverses forces de l'Allemagne entière nous obtiendrons une armée de plus d'un million d'hommes, avec 1,500 canons; environ 600,000 hommes pouvaient entrer en campagne presque de suite, ou au bout de quelques jours, de façon que la proportion des forces était de 1 : 2.

L'armée allemande lors du commencement des hostilités fut formée en trois armées, en dehors de celles destinées à la garde des côtes et de l'observation des autres frontières.

La 1re armée, sous le commandement du général de Steinmetz, comprenait le 7e corps d'armée, général de Zastrow, et le 8e corps d'armée, général de Gœben.

La IIe armée, sous le commandement du prince Frédéric-Charles de Prusse, comprenait la garde, commandée par le prince Auguste de Wurtemberg.

Le 3e corps d'armée, général C. d'Alvensleben ;
Le 4e   »   »   »   G. d'Alvensleben ;
Et le 10e »   »   »   de Voigts-Rhetz.

La IIIe armée, sous le commandement du prince royal de Prusse, comprenait le 5e corps d'armée, général de Kirchbach, et le 11e corps d'armée, général de Bose.

L'armée bavaroise, formant deux divisions, commandée la 1re par le général von der Tann et la 2e par le général de Hartmann.

L'armée wurtembergeoise, sous le général d'Obernitz, et la division badoise, sous le général de Beyer.

Les divers corps destinés à la défense des côtes et à l'observation des frontières avaient comme général en chef le duc de Mecklembourg-Schwerin et formaient quatre commandements, sous les généraux Vogel de Falkenstein, de Bonin, de Lœwenfeld et Herwarth de Bittenfeld.

Voici maintenant des notes biographiques sur les principaux chefs des deux armées belligérantes.

Le maréchal Mac-Mahon.

Mac-Mahon (Marie-Patrice-Maurice de), est né le 28 novembre 1808, au château de Sully, dans le département de Saône-et-Loire. Il appartient à une ancienne famille irlandaise. Ses ancêtres se sacrifièrent pour les Stuarts, et après la chute de cette maison royale émigrèrent en France. Fidèles à leurs anciennes traditions, les Mac-Mahon s'allièrent aux plus nobles familles de leur nouvelle patrie, et héritèrent ainsi du magnifique château de Sully avec ses riches domaines. Le maréchal est le plus jeune fils du marquis Charles-Laure de Mac-Mahon, ami intime de Charles X et pair de France; destiné à l'Église par sa famille, il fréquenta quelque temps le petit séminaire d'Autun; mais cette carrière ne lui convenant pas, il la quitta en 1825 pour embrasser la carrière militaire et entra à l'École de Saint-Cyr. Il y resta cinq ans, et après un excellent examen, il fut nommé sous-lieutenant à l'École d'État-major et envoyé en 1830 au 4e régiment de hussards avec lequel il prit part aux premiers combats en Afrique. Nommé lieutenant en 1831, il fut attaché comme adjudant au général Achard, commandant l'avant-garde de l'armée française qui entrait en Belgique pour faire le siége d'Anvers.

Retourné en Afrique, il parcourut les divers grades de la hiérarchie, et obtint son brevet de général de division en 1852. En 1855, on le rappela en France pour prendre

le commandement de la 1re division d'infanterie au camp
de Châlons. Lorsque l'empereur Napoléon fit revenir de
Crimée le général Canrobert, Mac-Mahon fut désigné
comme son successeur dans le commandement de la
1re division du corps d'armée du général Bosquet. A peine
installé, il reçut l'ordre de prendre la célèbre tour de Malakoff, à Sévastopol, ce qu'il exécuta avec une grande bravoure ; ce fait d'armes fonda sa renommée. Après la paix,
l'Empereur le nomma sénateur en 1856 ; mais l'année suivante, l'Afrique exigea de nouveau ses services ; il y retourna pour prendre part, sous les ordres du maréchal
Randon, à la dernière grande expédition contre les
Kabyles, où il se distingua de nouveau.

Bientôt après, en 1858, il reçut le commandement général des forces de terre et de mer de cette colonie. La
guerre d'Italie éclata, et l'opinion publique, car la prise
de Malakoff avait rendu son nom très-populaire, le désignait généralement comme un des généraux qui devaient
jouer un rôle éminent dans cette guerre. Pendant toute sa
durée, on suivait surtout les opérations du corps de Mac-
Mahon. La prise de Robecchetto et la bataille de Magenta
donnèrent raison à l'opinion. L'Empereur le nomma maréchal sur le champ de bataille, et dans ce nouveau grade,
il commanda le 2e corps à la bataille de Solférino.

La guerre d'Italie terminée, il reçut le commandement
du 2e arrondissement militaire, dont le quartier général
était à Lille. Après la mort du maréchal Pélissier, duc de
Malakoff, il devint gouverneur général de l'Algérie, d'où
la guerre actuelle l'a rappelé.

Le maréchal Bazaine.

Le maréchal *Bazaine* est un des rares soldats qui ont rendu vrai le dicton que chaque soldat français porte dans son sac le bâton de maréchal ; pourtant rien dans sa carrière, aucun épisode réellement marquant, ne justifie son grade, bien que dans la bataille de Melegnano il ait montré du courage et quelque capacité militaire. Il est né en 1811 à Versailles, et entra comme volontaire au 37e régiment de ligne en 1831. Peu après il fut envoyé comme fourrier à la légion étrangère en Afrique, et cette nomination si insignifiante qu'elle fût, donne cependant la clef de quelques passages de sa vie. Il est d'usage dans l'armée française d'envoyer à la légion étrangère ce que l'on peut appeler les mauvaises têtes, qui joueraient peut-être un mauvais rôle dans les rangs des régiments français, ou des soldats et sous-officiers qui pour quelque faute ont à craindre le conseil de guerre. Dans ce cas, on leur permet de quitter leurs galons et de disparaître parmi les soldats de ladite légion. S'ils ont quelque capacité ou un peu d'instruction, ils reparaissent bientôt, grâce à leur qualité de Français, qui sont toujours les privilégiés dans ce corps. L'époque à laquelle Bazaine y entra, était justement la période la plus brillante pour elle, par suite des combats continuels livrés contre les indigènes ; aussi fut-il nommé sous-lieutenant deux ans après. A 24 ans, quatre ans après son entrée au service, il était lieutenant et reçut la croix de la Légion d'honneur.

En 1835, lors du grand mouvement carliste en Espa

gne, il passa avec toute la légion au service de la reine Isabelle. Rien de positif n'est connu sur cette période de sa vie. Il reparut en 1838 comme lieutenant dans le 4e régiment de ligne, avec lequel il retourna en Afrique. Six années se passent encore, pendant lesquelles aucun ordre du jour ne parle de lui ; il faut croire qu'il a fait son chemin dans les bureaux, car dans l'Annuaire militaire de cette époque il figure comme chef de bataillon et reçoit la croix d'officier de la Légion d'honneur en 1845. Il resta dans l'administration néanmoins, et occupa jusqu'en 1850 la place de chef d'un bureau arabe ; dans cette fonction, il paraît avoir montré un véritable talent pour la ruse et l'intrigue, car quand il s'agissait de trouver un homme capable de négocier avec les Arabes, très-malins de leur nature, c'était à lui qu'on avait recours. Lieutenant-colonel après la soumission d'Abd-el-Kader, il fut nommé colonel du 55e régiment de ligne en 1850 et revint en France. Mais la vie de garnison ne lui convenait pas ; il assiégea le ministère de la guerre de ses pétitions pour rentrer dans l'armée d'Afrique. Il réussit enfin, et fut nommé colonel commandant le 1er régiment étranger qu'il conduisit en Crimée en 1854.

A la fin de cette même année il devint général de brigade commandant les deux régiments étrangers ; il prit une part active aux batailles de l'Alma et d'Inkermann et se distingua, parait-il, à l'attaque du bastion central de Sévastopol ; pourtant les rapports officiels n'en parlent pas. Après la prise de Sévastopol, il fut nommé commandant de cette place qu'il occupa avec sa brigade. En 1855, il fut élevé au grade de général de division et commanda les troupes qui prirent la petite forteresse de Kinburn.

Dans la guerre d'Italie, il montra de la bravoure à Melegnano, ainsi qu'à l'attaque du cimetière à Solférino. En 1862, il prit part à l'expédition du Mexique, où il assista au siége de Puebla qui dura deux mois. Pendant ce siége, il réussit à surprendre le général mexicain Commonfort, qui voulait jeter un convoi de vivres dans la ville assiégée et qui s'était retranché en face des Français à San-Lorenzo. Mais cette expédition est trop connue ponr entrer ici dans des détails ; il suffira de faire remarquer que Bazaine y montra aussi son grand talent pour l'intrigue.

On suppose même qu'il a nourri l'espoir pendant quelque temps de pouvoir se mettre lui-même à la tête de cette république. Nous nous bornerons à citer un fait qui dépeint l'homme encore sous un autre point de vue. Lorsque, par des intrigues de toute sorte, il eut réussi à se marier avec la fille d'une des plus riches familles du pays, mais qui appartenait aux ennemis les plus décidés du nouvel empire, l'empereur Maximilien voulut lui faire don, comme cadeau de noces, du magnifique palais de Buena-Vista, meublé nouvellement pour le général Forey. Bazaine refusa mais donna à entendre au général Almonte, qui apportait l'acte de donation, que sa femme pourrait bien l'accepter. L'empereur agréa cette proposition, et madame la maréchale devint propriétaire du château vraiment royal ; que fit son mari ? il le loua de sa femme, et la municipalité de la ville de Mexico dut payer jusqu'au dernier jour de l'occupation un loyer de 60,000 fr.

Nous pourrions énumérer encore diverses choses peu dignes d'un homme loyal, mais nous croyons en avoir dit assez. La capitulation de Metz, survenue dans l'entretemps, paraît confirmer tous ces faits et gestes, du moins

si l'opinion publique et celle d'un bon nombre de ses officiers n'est pas catégoriquement démentie par quelqu'un
placé de façon à prononcer un jugement impartial sur
cette affaire.

Le maréchal Canrobert.

Canrobert (François-Certain de) est né le 27 juin 1809,
dans le département du Gers, où sa famille avait une
petite propriété. A l'âge de 16 ans, il entra à l'École de
Saint-Cyr et fut nommé, trois ans après, sous-lieutenant
au 47e régiment de ligne.

Pendant quelques années d'une vie de garnison qui lui
pesait beaucoup, il s'occupa d'études militaires et devint
lieutenant en 1832. En 1835 enfin, il partit pour l'Afrique
et se distingua beaucoup, sous le maréchal Clauzel, dans
les expéditions contre Maskara et Tlemcen; peu après il
obtint sa nomination de capitaine. Il assista à l'assaut de
Constantine en 1837, où il montra tant de bravoure qu'il
fut décoré, et que son colonel, Combes, le présenta au
général en chef comme un de ses meilleurs officiers. Il
parcourut ensuite les divers grades rapidement et fut
nommé colonel en 1848. Après la prise de la ville de
Nahra, il parvint au grade de général de brigade. Appelé
à Paris par le président de la République, Louis-Napo-
léon, il prit une part active au coup d'État de décembre 1851 et fut nommé général de division. Il était arrivé
à ce grade où il ne suffit plus de montrer du courage, mais
où il faut aussi du talent pour commander des masses
plus grandes : malheureusement il n'en avait pas. Nous

citerons l'expédition de la Dobrudscha, lors de la guerre de Crimée, et la bataille de l'Alma, dans laquelle il attaqua trop tôt, ce qui aurait pu perdre sa division très-facilement, si l'armée russe avait su profiter de la circonstance. Après la mort du maréchal de Saint-Arnaud, il fut nommé général en chef de l'armée de Crimée en septembre 1854 ; il est assez connu que ses opérations contre Sévastopol n'eurent pas de succès, et qu'il dut céder le commandement au général Pélissier, le 16 mai 1855. Rappelé à Paris deux mois après, l'Empereur le consola par la grand'croix de la Légion d'honneur et, après la rentrée de l'armée, le nomma maréchal.

Dans la guerre d'Italie, il commandait le 3e corps d'armée, et montra de nouveau ses bonnes qualités comme chef de corps par une manœuvre hardie et habile dans la bataille de Magenta. A la bataille de Solférino, son rôle ne fut pas important.

En 1862, il fut nommé commandant de l'armée de Lyon, et au commencement de la guerre actuelle, chargé de l'organisation de la garde mobile au camp de Châlons.

Le comte de Palikao.

Cousin de Montauban, comte de Palikao. Né en 1796 à Paris, il porta jusqu'au coup d'État de 1851 le simple nom de Cousin. Entré en 1814 dans la compagnie des gardes du corps, il fut nommé lieutenant au 2e régiment de cuirassiers en 1822, et prit part à la campagne d'Espagne de 1823. Après son retour, il entra dans l'artillerie et plus tard dans les chasseurs de la garde, avec lesquels il fit la première campagne d'Afrique. Ici nous le retrouvons comme capitaine : il se distingua plusieurs fois, ce qui lui valut sa nomination de chef d'escadron dans les chasseurs d'Afrique nouvellement formés. Il monta de grade en grade jusqu'à celui de général de division.

Sa carrière ressemble à celle de tous les autres officiers, avec la seule différence qu'il resta fidèle à la cavalerie, jusqu'au grade de général de brigade. Comme général de division, il reçut le commandement de la division d'Oran, et se montra très-habile administrateur.

Rappelé en France pour prendre le commandement de la 2e division militaire à Rouen, il fut nommé général en chef de l'expédition contre la Chine, ce qui lui procura le titre de comte de Palikao, et une renommée très-grande dans l'art de piller, ainsi qu'une fortune princière. Après son retour de cette expédition, l'Empereur voulut lui faire accorder par le Sénat une pension de 30,000 francs pour services rendus en Chine, mais ce corps même, ordinairement si docile, refusa net. Pour pouvoir le maintenir dans l'armée, on fit tomber tout l'odieux de cette affaire, le pillage du palais d'été de l'empereur de Chine, sur le lieutenant-colonel Dupin, qui dut donner sa démission. La famille impériale, surtout l'Impératrice, lui conserva toujours ses bonnes grâces, ce qui explique sa nomination comme ministre président, après la chute du ministère Ollivier.

Le maréchal Lebœuf.

Le maréchal Lebœuf. Né le 6 décembre 1809, à Paris, il entra en 1828 à l'École polytechnique de laquelle il passa

comme sous-lieutenant à l'École d'état-major, et en 1832
à l'artillerie. Lieutenant en 1833 et capitaine en 1837, il
fit partie de l'état-major de cette arme pendant le siége
de Constantine; il resta en Afrique jusque 1841 et prit
part à la plupart des combats qui s'y suivirent si rapidement ; son nom figura cinq fois à l'ordre du jour pendant
cette période. Revenu en France, il fut nommé chef d'escadron en 1846, et en 1848 commandant en second de
l'École polytechnique. Promu en 1850 au grade de lieutenant-colonel, il resta pourtant encore à cette école jusqu'en octobre de la même année ; il rendit de bons services
à cet institut. Colonel depuis 1852, il fut nommé commandant de l'artillerie de l'expédition contre la Crimée et son
nom fut cité à l'ordre du jour trois fois pendant le siége
de Sévastopol. Il prit part aussi à l'expédition contre la
forteresse de Kinburn. De retour en France, il fut nommé
commandant en chef de l'artillerie de la garde et en 1857
général de division. Dans la guerre d'Italie, il se distingua
à différentes reprises, et surtout à la bataille de Solférino.
C'est certainement un excellent général d'artillerie, quoique ses qualités comme major général d'une grande
armée soient à peu près nulles.

Le général Frossard.

Le général Frossard, adjudant général de l'Empereur
et gouverneur du prince impérial, commença son service
actif dans l'armée en 1827, après avoir terminé ses études
à l'école polytechnique et à l'École du génie et de l'artil-

leric à Metz. Il fit sa première campagne en 1831 et 1832 en Belgique, comme sous-lieutenant, et se fit remarquer au siége d'Anvers, ce qui lui valut la croix de l'ordre de Léopold. Nommé capitaine en 1833, il fut envoyé en Afrique et s'y distingua de nouveau par la défense héroïque du petit fort de Clausel avec une seule compagnie de zouaves. Quelques années après il revint en France fut attaché au dépôt des fortifications en 1846 et au bout de quelques mois il reçut la nomination de major et d'officier d'ordonnance du roi Louis-Philippe, poste qu'il occupa jusqu'au 24 février 1848.

En 1849, il prit part à l'expédition de Rome et y resta jusqu'en 1859 comme commandant du génie, après avoir été promu au grade de lieutenant-colonel. Lors de son retour en France, il succéda à Lebœuf comme commandant en second de l'École polytechique. Il fut nommé colonel en 1853 et retourna en Afrique comme directeur des fortifications dans la province d'Oran. Dans la guerre d'Orient, il reçut le commandement du 2e corps du génie lorsque les opérations devant Sévastopol prirent une plus grande extension, et dirigea les travaux contre la tour de Malakoff. Nommé général, il fonctionna de 1855 à 1856 comme commandant par intérim du génie de l'armée d'Orient. En 1856, il accompagna, avec Lebœuf, le comte de Morny à Moscou pour assister au couronnement de l'empereur Alexandre. Quelque temps après il retourna de nouveau en Afrique comme chef du corps de génie de l'Algérie, et resta dans ces fonctions jusqu'en 1858.

La guerre d'Italie le vit comme général commandant le génie; sous sa direction furent exécutées les fortifications de Casale et complétées celles de Peschiera.

Bientôt après son retour il devint gouverneur du prince impérial.

Le général de Failly.

Le général de Failly. Né en 1810, élève de l'École militaire de Paris, fut nommé sous-lieutenant au 35e régiment de ligne en 1828 et envoyé en Afrique en 1830, où il se fit remarquer au siége d'Alger, de sorte qu'il arriva au grade de lieutenant la même année.

Devenu capitaine en 1837 il remplit les fonctions d'adjudant-major au 7e bataillon des chasseurs jusqu'en 1841, et plus tard, celles d'officier d'ordonnance du roi Louis-Philippe. Chef de bataillon en 1843 et lieutenant-colonel en 1848, il fut envoyé à Toulouse comme directeur de l'École militaire de cette ville. En 1851, il retourna en Afrique comme colonel du 20e régiment de ligne.

Lors de la guerre de Crimée on le nomma général de brigade et il se distingua à la bataille de l'Alma. Après avoir fonctionné jusqu'au 5 décembre 1854 comme gouverneur militaire de Constantinople, il fut rappelé en Crimée pour prendre le commandement de la 2e brigade de la 2e division et se fit remarquer de nouveau devant Sévastopol, à la bataille de la Tchernaïa et à l'assaut de Malakoff, où il commandait la brigade des voltigeurs de la garde. Ces brillants services lui valurent le grade de général de division. En 1855, au mois d'octobre, il fut envoyé avec sa division à Eupatoria. Après le retour de l'armée en France, l'Empereur le nomma son adjudant. Dans la guerre d'Italie, il prit part à toutes les opérations et fit dans le voisinage de Baïte une résistance héroïque avec une seule brigade contre des forces ennemies trois fois supérieures. La grand'croix de la Légion d'honneur et sa nomination de sénateur furent la récompense de ce fait d'armes.

Le général Bourbaki.

Le général Bourbaki, grand officier de la Légion d'honneur et commandant la 1re division de la garde impériale, est né à Paris en 1816. Son père, d'origine grecque, tomba pendant la guerre de l'indépendance de sa patrie en 1827. Le jeune Bourbaki qui reçut son instruction à l'école de Saint-Cyr, passa sous-lieutenant au 59e régiment de ligne en 1836, mais permuta en 1837 pour entrer dans les zouaves et fut nommé lieutenant en 1838. Capitaine en 1842 et officier d'ordonnance du roi Louis-Philippe, il parvint au grade de major en 1846 et commanda le 2e bataillon d'infanterie légère d'Afrique (zéphyrs). En 1850, il devint lieutenant colonel au 1er régiment de zouaves, qu'il commanda, l'année suivante, comme colonel. Trois ans après, en 1854, il reçut sa nomination de général de brigade et fit la campagne de Crimée, où il se distingua à la bataille de l'Alma ; à Inkermann, il dégagea l'aile droite des Anglais par une attaque impétueuse contre les masses russes qui la débordaient, et se fit remarquer également à l'assaut de Malakoff. Dans la guerre d'Italie, il prit part à la bataille de Solférino comme commandant de la division de Lyon. Par son grand courage, son caractère chevaleresque et son grand désintéressement, il mérite certainement d'être cité comme un des officiers d'élite de l'armée française.

Le général Uhrich.

Le général Uhrich, né à Phalsbourg en 1802, entra à l'École de Saint-Cyr en 1818 et passa deux ans après sous-lieutenant au 3ᵉ régiment d'infanterie légère. Il prit part à la campagne d'Espagne de 1823 à 1826, pendant laquelle il obtint la nomination de lieutenant en 1825. Capitaine en 1831, il fut envoyé en Afrique en 1834 et nommé major en 1841 au 23ᵉ régiment de ligne. Lieutenant-colonel en 1845, colonel commandant le 3ᵉ régiment de ligne en 1848, il obtint le grade de général de brigade en 1852 et commanda comme tel le département du Bas-Rhin à Strasbourg, d'où il fut appelé à la tête de la 2ᵉ brigade d'infanterie de la garde impériale. Pendant la guerre d'Orient, il se distingua par sa grande bravoure dans les combats autour de Sévastopol et reçut comme récompense son brevet de général de division. Depuis 1856, il commandait la 4ᵉ division d'infanterie de l'armée de Paris. Dans la guerre d'Italie, il n'eut aucune occasion de se faire valoir, car il commandait une division sous les ordres du prince Napoléon.

Le général de Wimpffen.

Le général de Wimpffen. Il est né en 1811; élève de l'École de Saint-Cyr, il entra en 1832 comme sous-lieutenant au 49ᵉ de ligne. Il fut nommé lieutenant en 1837, capitaine en 1840 et major en 1847. Comme il s'était familiarisé avec la langue arabe, presque toute sa carrière se passa en Afrique. Lieutenant-colonel en 1851, colonel en 1853, il vint en France pendant quelques mois ; mais l'année suivante, il retourna en Afrique, où l'on ne pouvait se passer de ses services, pour prendre le commandement d'un régiment de turcos, nouvellement formé. Passé général de brigade quelque temps après, il prit part à la campagne de Crimée. Il a été souvent décoré et de divers ordres, car ses campagnes sont nombreuses ; il combattit en Afrique en 1834 et 1835, et puis de 1842 à 1854 ; en Crimée, il se fit remarquer dans les batailles de l'Alma, d'Inkermann et à l'assaut de Malakoff. En Italie, il montra une grande bravoure à Magenta. Après la fin de cette guerre, il retourna de nouveau en Afrique, d'où il n'est revenu que cette année pour assister à la malheureuse affaire de Sedan et pour signer la capitulation. Triste fin d'une carrière brillante !

Le général Trochu.

Le général Trochu est né en 1815 à Palais, près de Belle-Isle-en-Mer, dans le département du Morbihan, il entra en 1835 à l'École militaire de Paris, d'où il passa en 1838 à l'école d'état-major. Il la quitta après un examen brillant en 1840 avec le grade de lieutenant d'état-major. Son service actif commença au printemps de l'année 1841, lorsqu'il fut envoyé en Afrique avec le 6e régiment d'infanterie légère. C'était du temps de Bugeaud.

Trochu se distingua si bien dans diverses affaires qu'il

attira l'attention du général Lamoricière qui le nomma son adjudant; il resta dans cette position jusqu'en 1845. Plus d'une fois son nom fut cité à l'ordre du jour. Nommé capitaine en 1843, il se fit remarquer de nouveau dans la bataille de Sidi-Jusef et reçut, en 1844, la croix de la Légion d'honneur. Dans la bataille d'Isly, ainsi que dans la campagne de 1845 à 46 il se distingua, et le maréchal Bugeaud le nomma son adjudant, poste qu'il conserva jusqu'à la mort du maréchal, qui fut pour lui du reste bien plus un ami et un conseiller paternel qu'un supérieur. Dans cette position, Trochu eut l'occasion d'approfondir plus que tout autre tous les avantages et tous les défauts de l'armée française, et il apprit à commander et à organiser. Nommé lieutenant-colonel en 1851, il devint directeur adjoint du personnel au ministère de la guerre à Paris en 1852, où le maréchal de Saint-Arnaud le connut et l'apprécia à cause de ses qualités éminentes. Il n'attendit pas longtemps le grade de colonel, et, lorsque la guerre de Crimée éclata, Saint-Arnaud le choisit comme adjudant et secrétaire militaire. La plus grande partie des préparatifs de cette guerre fut dirigée par lui, et il fit partie de la commission envoyée pour reconnaître les côtes de la Crimée. — Après la mort du maréchal Saint-Arnaud, il occupa le même poste d'adjudant auprès du nouveau commandant en chef, Canrobert, et fut nommé général de brigade en 1854, tout en conservant sa place.

Lorsque Pélissier, qu'il n'aimait pas, prit le commandement, il quitta ce poste d'adjudant en 1855 pour se mettre à la tête de la 1re brigade de la 2e division du 1er corps. Il fut blessé à l'assaut du bastion central devant Sévastopol, ce qui lui valut la croix de commandeur.

Depuis 1856, membre du comité de l'État-Major général, il commanda une brigade pendant la campagne d'Italie et fut bientôt nommé général de division à la place du général Bouat, mort subitement à Suse pendant cette guerre. A la bataille de Magenta, lui seul avec la brigade se maintint dans ses positions, mais dans la bataille de Solférino il se distingua mieux encore, car c'est grâce à lui et à sa circonspection que le corps de Niel obtint la victoire contre les Autrichiens dans les plaines de Guidizzolo. Il fut cité à l'ordre du jour, mais la récompense qui aurait dû lui être accordée, fut réservée au général Niel, partisan dévoué de l'Empereur. A la fin de la campagne d'Italie, il resta encore quelque temps à la tête de sa division, mais bientôt on l'appela à Paris pour rentrer au comité du grand état-major, car on désirait l'avoir sous les yeux, attendu qu'il était soupçonné d'être accessible à des influences anti-bonapartistes. Pour dorer un peu cette pilule amère, on le décora, lors de son jubilé de 25 ans de service, de la grand'croix de la Légion d'honneur.

En récapitulant sa carrière nous voyons qu'il a moins combattu que beaucoup d'autres officiers, car ce n'est guère que lorsqu'il était général qu'il eut occasion de conduire des troupes au feu. Toutes ses positions étaient des postes de confiance, basés sur ses grandes connaissances dans l'art militaire.

Ce qui a contribué surtout à donner de la renommée à son nom, c'est son ouvrage intitulé : « L'armée française en 1867 » qu'il publia à Paris et qui obtint un succès énorme, 18 éditions en peu de temps. Dans cet ouvrage il a surtout exprimé les opinions et les jugements du maréchal Bugeaud, en y ajoutant ses propres observations fondées sur l'expérience et complétées par celles d'autres officiers éminents de l'armée française. On y trouve un jugement sain et impartial sur les armées étrangères ; avec une sincérité, assez rare chez un Français, il reconnait les défauts de l'armée française. Mais il est assez connu cet ouvrage, pour nous dispenser d'en dire davantage ici ; faisons remarquer seulement qu'il donne une préférence sans condition aucune au système militaire prussien, c'est-à-dire à l'obligation générale du service militaire, sans remplacement. Ses remarques sur le manque d'autorité des officiers dans l'armée française et les grands défauts de son infanterie, ne sont pas moins vraies et ont été prouvées clairement dans la guerre actuelle.

Nous passerons maintenant aux principaux chefs de corps allemands. Là les notes biographiques seront forcément plus courtes, car les armées allemandes ont moins souvent fait la guerre, et nous offrent par conséquent beaucoup moins de faits remarquables à citer. Bien entendu nous ne parlons, en disant cela, que des années écoulées depuis la paix de 1815.

Le prince royal de Prusse.

Le prince royal de Prusse est né en 1831. Il fit sa première campagne en 1866, et montra alors beaucoup d'énergie en exécutant presque sous les yeux de l'ennemi le passage des défilés dans les montagnes du comté de Glatz. en Silésie. Ce fut lui qui décida la bataille de Sadowa, en tournant le flanc droit de l'armée autrichienne.

Le prince Frédéric-Charles.

Le prince Frédéric-Charles de Prusse, neveu du roi Guillaume, est né en 1828. Son éducation fut toute militaire et il montra du reste très-tôt des dispositions spéciales pour l'art de la guerre.

Lors de la campagne du Schleswig-Holstein en 1848, il était capitaine et prit part à la bataille de Schleswig dans l'état-major du général en chef de Wrangel. Très-hardi de sa nature, le général dut modérer son ardeur, mais céda enfin aux désirs du prince d'attaquer avec le 2e régiment le flanc droit de l'ennemi. C'était le premier fait d'armes du prince et il décida la bataille. En 1849, il devint major et accompagna son oncle, prince régent de Prusse alors, dans la campagne du grand-duché de Bade. Il y fut blessé au combat de Wiesenthal, où il commandait un escadron de hussards dans une attaque contre un bataillon de l'infanterie badoise. Nommé général en 1861, commandant en chef du 3e corps d'armée, il prit part à la guerre contre le Danemark en 1864 ; il se distingua surtout à Düppel et au passage dans l'ile d'Alsen. Aimant avec passion le métier des armes. il jouit d'une très-bonne réputation comme stratégiste ; c'est sans contredit un des meilleurs généraux de l'armée allemande.

Le général de Moltke.

Le général baron de Moltke, chef du grand état-major général de l'armée prussienne, est né en Danemark, bien que sa famille soit originaire du Mecklembourg. Il entra à l'âge de vingt ans au service de la Prusse comme lieutenant au 8ᵉ régiment d'infanterie, mais il fut bientôt appelé à l'état-major, à cause de ses connaissances très-étendues dans l'art militaire. En 1839, il assista comme envoyé militaire à la guerre de l'Égypte contre la Turquie ; il prit part à la campagne de Syrie, dans laquelle il se distingua à la bataille de Nisib. Revenu en Prusse, il resta sans interruption dans l'état-major. Il est connu que le plan de la campagne de 1866 contre l'Autriche est son œuvre, ainsi que celui de la guerre actuelle. C'est un officier de grand talent.

Le prince royal de Saxe.

Le prince royal de Saxe est né en 1828. Entré dans l'armée en 1843, il fut nommé sous-lieutenant la même année, lieutenant en 1846 et l'année suivante capitaine dans l'artillerie montée. Il eut bientôt occasion de faire valoir ses connaissances militaires, car sa batterie appartenait au corps du général-major de Heinz, qui prit part en 1849 à la guerre du Schleswig.

Le prince se distingua à la prise des fortifications de Düppel, que les Danois perdirent cette année-là pour la première fois. Comme récompense, il fut nommé major et décoré de l'ordre de Henri. Après cette campagne, il s'adonna complétement aux études militaires, et cela avec tant de zèle qu'il reçut le grade de lieutenant-colonel en 1850, et la même année encore celui de colonel commandant la 3e brigade d'infanterie. Général-major en 1851, lieutenant général en 1852, il fut nommé commandant de la 1re division d'infanterie. En 1866, il combattit à côté des Autrichiens et se fit remarquer par sa belle conduite et son grand sang-froid dans la bataille de Sadowa. Depuis l'entrée de la Saxe dans la Confédération du Nord, il est à la tête du 12e corps d'armée des troupes allemandes ; ce corps est formé spécialement par le contingent saxon.

Le prince Auguste de Wurtemberg.

Le prince Auguste de Wurtemberg, né en 1813, général de cavalerie et commandant en chef de la garde royale prussienne. A la tête de ce corps, il se fit remarquer au combat de Trautenau en 1866, où il défit complétement le corps autrichien du général de Gablentz, un des meilleurs de l'armée autrichienne. A la bataille de Sadowa, il prit le village de Chlum, la clef de la position autrichienne.

Le général de Steinmetz.

Le général de Steinmetz, né à Eisenach, quitta l'École militaire de Berlin, dont il était l'élève, pour prendre part à la guerre de 1813. Il entra comme lieutenant au 1er régiment d'infanterie, et se distingua dans cette campagne par sa grande bravoure. En 1835, il fut nommé capitaine de 1re classe. Il prit part à la campagne du Schleswig de 1848 et devint, après la paix, commandant de l'École militaire de Berlin. Nommé général vers 1864, il prit part à la guerre de 1866 comme commandant en chef du 5e corps d'armée, et ses succès à Nachod et Skalitz, les premiers de cette campagne, rendirent son nom très-populaire en Allemagne.

Le général de Manteuffel.

Le général de Manteuffel, commandant le 1er corps d'armée, est né en 1809 ; il commença sa carrière militaire en 1827 dans le régiment de dragons de la garde. Nommé général-major en 1858, lieutenant général en 1861, il fut élevé en 1866 au grade de général de cavalerie. Commandant les troupes de la province de Schleswig depuis 1865, ce fut lui qui commença les hostilités en 1866, en passant avec son corps l'Eider et l'Elbe, et en prenant la ville de Stade en Hanovre. Vers la fin de cette campagne, il commandait les troupes prussiennes qui combattaient contre l'armée de l'Allemagne du Sud et gagnèrent les batailles de Hausen, Helmstadt, Utting, Rossbrunn et Wursbourg.

Le général de Gœben.

Le général de Gœben. Natif du Hanovre, il prit du service dans l'armée prussienne vers 1834 ou 1835. Quelques années plus tard, il donna sa démission pour entrer au service du général Cabrera, chef du parti carliste en Espagne. Dans un des nombreux combats livrés pendant cette guerre civile, il fut fait prisonnier et resta long-temps enfermé à Cadix, plus tard à Saragosse. De retour en Prusse, il reprit du service, et nous le retrouvons en 1864 général de brigade (général-major) prenant part à la guerre contre le Danemark, dans laquelle il se distingua à l'assaut des fortifications de Düppel. En 1866, il commandait la 13e division, sous les ordres du général Vogel de Falkenstein, commandant l'armée du Mein. Il se fit remarquer dans les combats de Dermbach et Geysa, ainsi qu'à Kissingen, Aschaffenbourg et Tauber-Bischofs-heim.

Le général de Werder.

Le général de Werder, auquel fut confié le siége de Strasbourg, naquit en 1808 et commença sa carrière militaire en 1825 dans le régiment de cuirassiers de la garde prussienne (gardes du corps). L'année suivante, il permuta pour entrer dans l'infanterie de la garde. Après avoir passé quelque temps dans le génie, au bureau topographique, à l'École militaire et dans l'état-major, il assista en 1842 et 1843 à la guerre du Caucase, où il fut blessé dans le combat de Kefar. Revenu en Prusse, il fut nommé capitaine d'état-major et parvint au grade de major en 1851. En 1856, il reçut sa nomination de lieutenant-colonel et en 1859 celle de colonel, inspecteur des chasseurs. En même temps, il fut attaché à la direction de l'Institut normal de gymnastique militaire à Berlin.

Général-major en 1863, il reçut le commandement de la 8e brigade d'infanterie et l'année suivante celui de la 4e brigade d'infanterie de la garde. En 1865, il devint lieutenant général commandant la 3e division qu'il conduisit avec beaucoup de bravoure dans la bataille de Jicin, lors de la guerre contre l'Autriche en 1866. Il se distingua également à la bataille de Sadowa.

Le général von der Tann.

Le général baron von der Tann, général commandant le 1er corps bavarois, descend d'une ancienne famille de la Franconie (province de la Bavière), qui prit son nom d'un petit village cédé à la Prusse depuis la guerre de 1866. Il est né en 1815 et a fait son éducation à l'Institut royal des pages à Munich, qu'il quitta pour entrer, comme sous-lieutenant, dans le 1er régiment d'artillerie. Devenu lieutenant d'état-major en 1840, le Roi le nomma quatre ans plus tard adjudant du prince royal. La même année il reçut le grade de capitaine, et en 1848 celui de major.

Pendant la guerre du Schleswig en 1848, il commanda un corps franc qu'il conduisit avec beaucoup de bravoure. Après la paix de Malmœ, il revint en Bavière et devint lieutenant-colonel. Nommé colonel en 1850, général-major en 1855, il reçut en 1859 le commandement de la 1re brigade d'infanterie, et vers la fin de cette année, le Roi le fit son adjudant général. Lieutenant général en 1861, il occupa la place de chef d'état-major pendant la guerre de 1866 et fut nommé général en 1869.

Le général de Fransecki.

Le général de Fransecki entra au service comme adjudant au 16e régiment d'infanterie et fut attaché plus tard à l'état-major du général de Wrangel. Dans la campagne de 1866, il se distingua surtout au combat de Münchengrætz, où il prit une batterie autrichienne établie devant le village de Bosin. A la bataille de Sadowa, il eut la tâche très-difficile de maintenir les communications entre l'aile gauche de l'armée du prince Frédéric-Charles et l'armée du prince royal. Sa division, la 7e, et celle du général Horn, la 8e, eurent à subir le feu meurtrier des nombreuses batteries autrichiennes et combattirent seules pendant trois heures contre l'infanterie ennemie qui défendait la forêt en avant de Sadowa; elle fut prise après un combat opiniâtre de part et d'autre et maintenue par les troupes prussiennes, malgré des pertes énormes.

Quelques jours plus tard, il attaqua les Autrichiens en retraite à Blumenau, près de Presbourg; il tenait la victoire lorsque l'armistice fut proclamé à midi, et fit cesser le combat.

Le général Vogel de Falkenstein.

Le général Vogel de Falkenstein est né en Silésie en 1797. Entré au service comme volontaire en 1813, il se distingua dans les combats de Bischofswerda et à la Katzbach, de sorte qu'il fut nommé lieutenant. Il servait dans le corps du maréchal Blücher et montra une grande bravoure à la bataille de Montmirail en 1814, ce qui lui valut le grade de premier lieutenant et la Croix de fer. En 1848, il prit part à la campagne du Schleswig et plus tard encore, en 1864; dans cette seconde campagne, il exerça les fonctions de chef d'état-major du général de Wrangel. Après la paix, on lui confia le commandement du 7e corps d'armée. Au début de la guerre de 1866, il eut la tâche difficile de combattre avec une armée très-inférieure en nombre les troupes de l'Allemagne du Sud. Ses opérations stratégiques et plusieurs combats heureux lui firent rapidement une brillante renommée, et l'opinion publique fut très-péniblement surprise lorsqu'elle apprit son remplacement par le général de Manteuffel et sa nomination de gouverneur militaire de Prague.

Le général Herwarth de Bittenfeld.

Le général Herwarth de Bittenfeld. Il commença sa carrière militaire en 1813 et prit part à la plupart des combats de cette époque. Nommé major en 1835, lieutenant-colonel en 1846, il parcourut après 1848 les autres grades assez rapidement, de sorte que nous le voyons en 1862 général commandant le 7e corps d'armée. Lors de la guerre contre le Danemark, en 1864, il fut mis à la tête du 3e corps d'armée et se distingua à Düppel et au passage de l'île d'Alsen qu'il exécuta avec tant de succès que ce fait d'armes mit fin à la guerre. Dans la campagne de 1866, il commanda l'armée de l'Elbe, qui prit une part glorieuse dans cette guerre.

Les débuts de la guerre.

Dans le récit des événements de la guerre actuelle, nous sommes forcés de nous tenir surtout aux rapports officiels allemands, qui sont généralement plus précis que les rapports français ; ces derniers sont souvent tellement vagues qu'il serait impossible de fournir d'après eux la description d'une affaire. Pourtant nous en avons toujours tenu compte ; s'ils sont souvent contradictoires aux rapports allemands, cela vient sans doute de ce que les Français se sont trop empressés de représenter comme victoires des actions qui n'étaient pas finies, et il nous semble que pour apprécier une bataille, il faut au moins en attendre la fin. Nous citerons comme exemple les journées de Metz, la dernière sortie de Paris, les opérations de l'armée de la Loire et beaucoup d'autres annoncées comme grandes victoires et qui, en somme, n'en étaient pas. Si l'armée de Metz avait gagné des victoires, elle aurait pu sortir de là, pour aller se réunir à Mac-Mahon ; si la dernière sortie de Paris avait été une victoire, l'armée de Paris aurait évidemment rejoint l'armée de la Loire, qui n'était entrée à Orléans que parce que le général von der Tann avait compris que s'il restait il subirait probablement le sort de Bazaine ou de Mac-Mahon, car les forces qu'il avait en face de lui étaient trop disproportionnées pour pouvoir espérer une résistance heureuse. Sa retraite pourrait servir de leçon aux Français et leur apprendre comment on doit agir en pareilles circonstances, car généralement leurs retraites ressemblent à des fuites, bien que partout ils se soient battus avec beaucoup de bravoure et souvent contre un adversaire supérieur en nombre.

La déclaration de guerre fut remise officiellement à Berlin le 19 juillet par l'attaché de l'ambassade française Le Sourd. Les mouvements de l'armée française avaient commencé déjà quelques jours avant. Le gros de ses forces se massait surtout du côté de Metz, Thionville et Forbach. Le maréchal Mac-Mahon se trouvait dans les environs de Strasbourg. La mobilisation de l'armée allemande fut ordonnée le 15 juillet, et quinze jours plus tard trois armées considérables étaient aux frontières. Si l'armée française n'avait pas tant hésité, il est plus que probable qu'elle aurait pu avoir des succès en refoulant vers le Rhin les corps qui arrivaient successivement. Mais il paraît que l'on n'était pas aussi bien préparé qu'on voulait le faire croire, et que de plus il y avait peu d'entente au quartier général de l'Empereur quant au plan de campagne à suivre; de là une perte de temps qui devait devenir funeste à l'armée française, permettant aux Allemands de se réunir et de prendre l'offensive avec une vigueur et des forces auxquelles on ne s'attendait certainement pas au quartier général français. L'Empereur avait bien dit dans sa proclamation que la guerre serait *longue et pénible*, mais on croyait pourtant qu'une armée française de 2 à 300,000 hommes serait suffisante pour aller à Berlin. Dans une des dernières proclamations du gouvernement de la défense nationale, M. Glais-Bizoin dit encore aujourd'hui aux soldats de l'armée de la Loire qu'un Français vaut deux Prussiens, ou trois Bavarois. Ce qui nous étonne dans ce cas, c'est que les Français n'aient pas réussi jusqu'ici à battre leurs ennemis et à les chasser du *sol sacré de la patrie*. Malheureusement le peuple français se nourrit trop d'illusions et n'estime rien de ce qui n'est pas français. Puisse cette guerre lui servir de leçon, pour ne plus se reposer sur ses lauriers et ne plus se laisser endormir par des flatteries insensées.

Le premier fait d'armes à noter dans cette guerre se passa le 26 juillet. Le comte de Zeppelin, officier d'état-major wurtembergeois avec trois officiers de dragons badois, accompagnés de huit cavaliers, en tout douze hommes, poussèrent une reconnaissance fort hardie par Lauterbourg jusqu'au delà de Sulz. Leurs chevaux trop fatigués les forcèrent à se reposer dans une ferme entre Wœrth et Niederbronn, où ils furent surpris par un escadron de chasseurs français, que le général de Bernis avait envoyé à leur poursuite sur les indications reçues par les habitants. Après un combat acharné, le comte de Zeppelin seul réussit à s'échapper, muni de précieux renseignements sur les positions des troupes françaises. Un des officiers badois, Anglais de naissance, et quatre cavaliers furent tués ou blessés, les deux autres officiers, également blessés, et les autres cavaliers durent se rendre et furent emmenés prisonniers au quartier général de Metz.

Ce n'est que le 2 août que le canon se fit entendre d'une façon un peu sérieuse à Sarrebruck. Cette petite ville ouverte était occupée par un bataillon du 40e régiment d'infanterie prussienne et trois escadrons de cavalerie, avec quelques pièces d'artillerie.

Lorsque les avant-postes français se rapprochèrent de la ville et que l'on dut s'attendre à une attaque, on envoya deux bataillons pour renforcer celui qui se trouvait à Sarrebruck, et deux lieues en arrière quelques autres troupes furent rassemblées pour protéger la retraite du petit corps. Le 1er août, vers la soirée, on remarqua des mouvements de troupes derrière la ligne des avant-postes français, et le 2, au matin, les patrouilles prussiennes signalèrent de fortes colonnes en marche sur la route de Forbach à Sarrebruck. Le bataillon prussien qui se trouvait dans cette dernière ville porta alors trois de ses compagnies à l'ouest de la ville, où le terrain est plus favorable à la défense, la 4e compagnie restant en ville comme réserve. Les deux autres bataillons se formèrent en bataille sur la rive droite de la Sarre, sans entrer en ville. Bientôt on vit les Français développer des forces imposantes. Cinq batteries, dont une de mitrailleuses, prirent position sur les hauteurs de la rive gauche et canonnèrent, sans grand effet pourtant, les troupes prussiennes sur la rive droite.

Le commandant de ces troupes ne put douter un seul instant qu'un combat dans ces conditions ne fût impossible, et qu'il devrait battre en retraite dès que les forces françaises se mettraient en mouvement. Aussi longtemps que cela n'eut pas lieu, il tâcha de forcer l'ennemi à développer ses forces pour les reconnaître. Du reste, à part le feu de l'artillerie, toutes les dispositions des Français ressemblaient plutôt à une revue qu'à un combat sérieux. En effet, on sut plus tard que cette affaire n'avait été arrangée que pour occuper un peu les troupes et le public qui commençaient à perdre patience, et puis pour fournir au prince impérial un petit spectacle, et lui donner « *le baptême du feu!* » Vers 11 heures seulement, quelques bataillons français descendirent des hauteurs, mais s'arrêtèrent à une distance assez grande de la ville en ouvrant un feu précipité sans grand résultat. Les Prussiens, pour ne pas rester complétement inactifs, déployèrent les tirailleurs de leurs trois compagnies qui soutinrent le combat pendant une heure environ, mais à l'arrivée de nouvelles forces sur l'aile droite des Français, vers midi, on les retira; les trois compagnies reçurent l'ordre de se replier et quittèrent la ville en bon ordre sans être molestées par l'ennemi; la cavalerie seule resta en contact avec lui pour observer ses mouvements. L'aile droite des Français continua sa marche en avant, et se dirigea vers la plaine des manœuvres de Sarrebruck, point qui domine la ville. Les Prussiens apprirent, par quelques prisonniers qu'ils avaient faits, que c'était le corps d'armée du général Frossard qui se trouvait en face d'eux. Les pertes des Prussiens s'élevaient à 2 officiers et 73 hommes hors de combat; leurs forces montaient à environ 3,500 hommes, tandis que les Français en avaient neuf ou dix fois autant.

On sait par les journaux quel bruit on fit en France de cette « *bataille* » de Sarrebruck, représentée comme *grande victoire* et annoncée par *tous les journaux* en gros caractères en tête de leur première page.

Voici maintenant le rapport du général Frossard sur cette affaire :

« La division Bataille, sa droite appuyée par la division Laveaucoupet et une batterie de 12 de la réserve, la gauche soutenue par la 1re brigade de la division Vergé et par la seconde batterie de 12, formait la première ligne. Le général Bastoul, campé à Spicheren et chargé de diriger le mouvement de la droite, avait reçu ordre d'envoyer deux bataillons pour s'emparer du village de Saint-Arnual et ensuite des hauteurs qui le dominent, tandis que le reste de sa brigade descendant dans le ravin situé en avant de Spicheren devait attaquer de front les positions qui se trouvaient à droite de la route de Forbach à Sarrebruck. Enfin le colonel Du Ferron, du 4e chasseurs, avec un escadron de son régiment et deux bataillons de la 1re brigade de la division Vergé, devait pousser une reconnaissance jusqu'à Gersweiler pour relier les mouvements du 2e corps à ceux du maréchal Bazaine.

» Les troupes ont quitté leurs bivacs entre neuf et dix heures Le lieutenant-colonel Thibaudin, du 67e, chargé avec deux bataillons de son régiment du mouvement offensif sur Saint-Arnual, trouva ce village fortement (?) occupé et défendu par des batteries de position (?) placées sur la rive droite de la Sarre. — Pour combattre cette artillerie, le général Micheler, dont la brigade était venue appuyer le mouvement du général Bastoul, fit avancer une batterie du 15e régiment qui ouvrit efficacement son feu sur l'artillerie prussienne. Soutenu par un bataillon du 10e de ligne et par la compagnie du génie de la 3e division, aidé par le mouvement tournant du colonel Maugin qui, avec le reste du 67e et avec le 66e descendant sur sa gauche, le lieutenant-colonel Thibaudin put enlever le village de Saint-Arnual et le faire occuper par le bataillon du 40e et par la compagnie du génie ; puis les bataillons du 67e abordèrent avec un grand élan les pentes du mamelon de Saint-Arnual et vinrent s'établir sur le couronnement en face de Sarrebruck. Le 66e avec non moins de résolution s'emparait des hauteurs jusqu'au champ des manœuvres, chassant successivement l'ennemi de toutes ses positions.

» Au même moment, le général Bataille portait rapidement sa première brigade sur les pentes à gauche de la route de Sarrebruck reliant le mouvement de sa 2ᵉ brigade par un bataillon du 23ᵉ.

» Marchant par bataillons déployés couverts par de nombreux tirailleurs, les bataillons du 23ᵉ et du 8ᵉ de ligne ont résolûment enlevé les différents ravins qui coupent ce pays très-difficile et très-boisé. Un bataillon du 8ᵉ de ligne se faufilant à travers les bois a suivi la voie ferrée jusqu'à la hauteur du village de Trotrany (?), où il a rallié les bataillons du régiment et ils ont abordé ensemble le champ de manœuvres par sa droite.

» En arrivant sur les hauteurs, le général Bataille fit établir une de ses batteries en avant des lignes du 66ᵉ et une autre sur le champ de manœuvres pour battre la gare et éteindre le feu de l'artillerie ennemie qui avait pris position sur la gauche de Sarrebruck. Celle-ci ne put soutenir notre feu et elle dut se reporter plus en arrière ; la batterie de 12 de la réserve vint par mon ordre appuyer le feu de la batterie du champ de manœuvres et en dernier lieu la batterie de mitrailleuses de la 2ᵉ division vint jeter un désordre complet au milieu des colonnes (??) d'infanterie qui évacuèrent la ville.

» Pendant ce combat d'artillerie, les troupes purent acclamer S. M. l'Empereur et le Prince impérial sur le terrain même dont elles venaient de déloger l'ennemi. Les mouvements de l'infanterie ont été parfaitement secondés par le 5ᵉ régiment de chasseurs, sous les ordres du colonel de Sereville. Les escadrons, appuyés par les tirailleurs

d'infanterie, fouillaient tous les plis de terrain et couron-
naient rapidement les crêtes, d'où ils pouvaient signaler
l'ennemi.

» Le 12ᵉ bataillon de chasseurs et la compagnie du génie
de la 2ᵉ division formaient la réserve du général Bataille;
ils ont rallié les troupes de la 1ʳᵉ brigade sur le champ de
manœuvres.

» Le 1ʳᵉ brigade de la division Vergé formant seconde
ligne s'est constamment tenue à 4 ou 500 mètres de la
1ʳᵉ ligne profitant pour se couvrir des mouvements du
terrain..., etc., etc.

» Les troupes campent sur les positions dont elles se
sont emparées.

» J'ai fait établir quelques postes retranchés en avant
de la position que les troupes occupent et sur leur flanc.
On a élevé aussi quelques épaulements pour protéger
les pièces et les canonniers de nos batteries..., etc.

» Le chiffre de nos pertes que je reçois à l'instant
s'élève à 6 tués et 67 blessés. »

Nous avons donné ce rapport officiel dans toute son
étendue pour montrer ce que l'on a fait en France d'une
affaire d'avant-garde.

Cette « *grande victoire* » allait recevoir sous peu une
réponse sanglante à Wissembourg et à Wœrth.

Wissembourg.

La ville de Wissembourg est comprise dans les lignes
de fortifications qui portent son nom, et qui s'étendent
jusqu'à Lauterbourg près du Rhin; elles sont célèbres
dans l'histoire de la guerre.

La ville elle-même est aujourd'hui une forteresse « *déclassée* », c'est-à-dire qui ne compte plus comme telle, et dont les ouvrages ne sont plus entretenus, mais qui pourtant peuvent toujours dans une guerre offrir les avantages d'une position retranchée, par conséquent assez de difficultés pour un assaut.

On voit que cette position était un meilleur point d'appui pour les troupes françaises que ne l'était celle de la petite ville ouverte de Sarrebruck pour les Prussiens.

Au commencement des hostilités, le corps du maréchal Mac-Mahon appuyait sa droite sur Strasbourg, mais par la concentration de l'armée allemande dans le Palatinat, il courait le risque d'être coupé du gros de l'armée française par une pointe offensive de l'ennemi. Il reçut donc l'ordre de se rapprocher du 5e corps, sous les ordres du général de Failly, près de Bitche, et sans doute pour couvrir cette marche de flanc, il avait placé la division du général Abel Douay à Wissembourg.

Le prince royal de Prusse quitta son quartier général de Spire le 3 août, et celui de Landau le 4, pour marcher en avant et prendre l'offensive.

Le matin du 4, les Wurtembergeois et la division badoise avaient passé le Rhin à Maxau, au-dessus de Lauterbourg, à peu de distance de la frontière. Vers 9 heures, la division bavaroise, sous les ordres du général Bothmer, se trouvait en face de Wissembourg, avec ordre de l'attaquer. On savait par les dernières nouvelles reçues qu'elle était occupée par les Français, et les Bavarois y trouvèrent une résistance plus opiniâtre qu'ils ne l'avaient supposé. La ville et ses environs avaient été occupés le 3 au

soir, par la division du général Douay, qui comprenait
un bataillon de chasseurs, trois régiments de ligne, les 50e,
74e et 78e, un régiment de turcos et un régiment de cavalerie; plus trois batteries et une batterie de mitrailleuses.
La garnison de la ville, occupée à faire la soupe, fut surprise, mais grâce aux anciennes fortifications, elle put
faire bonne contenance. L'attaque offrit pour les Bavarois
assez de difficultés; elle était combinée avec celle des 5e
et 11e corps prussiens, tandis que les divisions wurtembergeoise et badoise, réunies sous les ordres du général
de Werder, devaient opérer contre Lauterbourg. Les
Bavarois formaient donc l'aile droite, les deux corps
prussiens le centre, et celui du général de Werder l'aile
gauche. La division française occupait Wissembourg et
les hauteurs du Geisberg, situé en arrière de la ville.
Le 74e de ligne se trouvait dans la ville, les autres régiments sur le Geisberg qui domine les environs et dans le
village d'Altstadt, au pied de cette colline, couronnée de
bâtiments massifs préparés pour la défense. La ville
opposa une résistance fort vive, même lorsque deux nouvelles batteries bavaroises dirigèrent leur feu contre elle.
Pendant que quelques bataillons des régiments 47 et 58
de l'infanterie prussienne attaquaient la ville en flanc,
le 7e régiment des grenadiers du roi attaqua Schafenbourg. Ici se trouvait la batterie des mitrailleuses qui
envoyait ses décharges à une très-grande distance, mais
sans faire trop de mal; elle ne produisit pas l'effet que
les Français en attendaient; même la fusillade précipitée
et très-nourrie qui sortait des vignes et du château de
Schafenbourg n'arrêta pas les colonnes du 7e régiment
qui montèrent à l'assaut sans tirer un coup de fusil; ce

n'est que lorsqu'elles furent arrivées sur la hauteur qu'elles firent quelques décharges fort meurtrières. C'est ici que le général Douay trouva la mort et que son chef d'état-major fut blessé gravement.

Le régiment prussien eut presque tous ses officiers d'état-major hors de combat, mais il rejeta l'ennemi de cette forte position, ce qui décida l'affaire. Les troupes du 11e corps prirent aussi une bonne part dans cette action. En bon soldat, le général de Werder, après avoir traversé Lauterbourg, qui n'était pas occupé, se dirigea sur le bruit du canon et se trouva encore avant la fin du combat à côté des troupes prussiennes. Le prince royal de Prusse dirigeait les opérations de la hauteur de Schweigen, au nord-est de Wissembourg. Les pertes des Allemands, surtout en officiers, étaient sensibles; 76 furent mis hors de combat, ainsi que 1,300 soldats environ.

Les Français perdirent environ 1,500 prisonniers, dont 600 blessés et 30 officiers; leur perte en tués et blessés n'a pas été constatée exactement, parce qu'ils purent en emporter une partie, pourtant la retraite ne dut pas se faire avec beaucoup d'ordre, puisqu'ils abandonnèrent toutes leurs tentes et autres effets de campement.

Voici d'après le *Journal officiel* le récit de cet échec :

« Trois régiments de la division du général Abel Douay
» et une brigade de cavalerie légère ont été attaqués à
» Wissembourg par des forces très-considérables, mas-
» sées dans les bois qui bordent la Lauter. Ces troupes
» ont résisté pendant plusieurs heures aux attaques de
» l'ennemi, puis se sont repliées sur le col du Pigeonnier
» qui commande la ligne de Bitche. Le général Douay a
» été tué. Une de nos pièces dont les chevaux avaient été

» tués et l'affût brisé est tombée au pouvoir de l'ennemi.
» —Le maréchal Mac-Mahon concentre sur les lieux les
» forces placées sous son commandement. »

Le succès de Wissembourg livrait aux armées allemandes l'entrée de l'Alsace, la ligne du chemin de fer de Landau par Haguenau vers Strasbourg et Bâle, avec son embranchement par Sarreguemines vers Metz. De plus, deux bonnes routes de Landau à Strasbourg, l'une par Wissembourg, Sulz et Haguenau, l'autre par Lauterbourg et Selz, celle-ci plus proche du Rhin. Une route importante leur était ouverte également, allant dans la direction du sud-ouest de Haguenau vers Saverne, par laquelle, en traversant les Vosges, on atteint Lunéville et Nancy. Par ce défilé de Saverne passent le chemin de fer de Lunéville à Strasbourg, ainsi que le canal de la Marne au Rhin. Il existe encore une route plus courte, allant de Wissembourg vers le défilé de Saverne ; elle quitte à Sulz la grande route de Landau à Strasbourg pour traverser les premiers contreforts des montagnes et touche à Reichshofen, Niederbronn, Ingweiler et Buxweiler. Les armées allemandes pouvaient donc marcher sur un front assez large, ce qu'elles ne négligèrent point de faire avec la rapidité qu'elles ont montrée dans toute cette campagne.

Wœrth.

Le 6 août, on livra une nouvelle bataille, celle de Wœrth ou de Reichshofen, suivant les Français. Ce fut la première victoire importante remportée par les Allemands. Le rapport officiel allemand nous en donne la description suivante :

Comme l'armée française dans sa première ligne n'avait pu résister à l'attaque des armées allemandes, et qu'elle avait évité à Selz l'attaque de la division badoise, tous les indices laissaient supposer qu'elle se concentrait un peu en arrière pour attendre les Allemands dans une position choisie par elle. Il semblait d'abord que le corps de Mac-Mahon prenait la direction de Haguenau, mais il résultait des rapports arrivés le 5 qu'il avait choisi le terrain très-accidenté derrière la petite ville de Wœrth, très-propice à la défensive. Wœrth qui se trouvait déjà occupé par les Allemands, est situé au pied d'une chaîne de collines qui s'étend en demi-cercle devant la route venant de Sulz.

Beaucoup de fermes, de petits hameaux, un bois, coupent le terrain et donnaient autant de points d'appui assez forts à l'armée française. — En face d'elle l'armée allemande avait pris les positions suivantes : Le 2e corps bavarois et le 5e corps prussien étaient à Lembach et Preuschdorf, à droite de la route de Sulz à Wœrth. Le 11e corps prussien, dans sa marche en avant vers Haguenau, fit un tour à droite et prit position à Holschloch, à gauche de la même route. Le 1er corps bavarois avançait de Lopsan vers Lampertsloch et avait ses avant-postes dans la forêt qui se trouve à l'ouest de cet endroit. En arrière de ces troupes près de Schœnenberg, derrière Sulz, se tenait la cavalerie.

De son bivouac à Preuschdorf le 5e corps prussien avait poussé ses avant-gardes, le soir avant la bataille, jusque sur les hauteurs à l'est de Wœrth. Au point du jour quelques escarmouches d'avant-postes commencèrent de ce côté, et vers 8 heures un feu assez nourri se fit entendre à l'aile droite où se trouvaient les Bavarois. Comme les Français ouvrirent en même temps leur feu contre Wœrth, on fit avancer sur les hauteurs à l'est de Wœrth toute l'artillerie du 5e corps pour faire une diversion en faveur des Bavarois. Lorsque le rapport de ce qui se passait arriva au quartier général du prince royal, il donna l'ordre de suspendre le combat jusqu'à ce que toutes les troupes destinées à l'attaque fussent en ligne, car d'après les dispositions premières de l'état-major allemand, on avait fixé la bataille pour le 7 août. Mais avant que cet ordre parvint aux différents corps sur le champ de bataille, le 2e corps bavarois, c'est-à-dire la 4e division de ce corps, sous le général Bothmer, avait continué le combat à Lembach. Elle avait réussi à gagner du terrain vers Langensulzbach, dans la direction de Wœrth. Vers 10 heures et demie, le 5e corps prussien lui communiqua l'ordre reçu du quartier général, et elle se retira sur Langensulzbach. Ce soulagement de son aile gauche permit à l'armée française de concentrer tous ses efforts sur Wœrth. Des renforts arrivèrent pendant toute la matinée par les chemins de fer. C'était le moment critique de la bataille. Le 5e corps prussien essaya en vain dans une attaque trois fois renouvelée de gagner du terrain au delà de Wœrth. Au plus chaud moment de l'action, vers une heure, le prince royal arriva au champ de bataille avec son état-major, dont le chef est le général de Blumenthal. En même temps on aperçut la tête du 11e corps qui arrivait de Holschloch à Gunstett, ce qui permit au 5e corps de reprendre l'attaque. A deux heures le combat était engagé sur toute la ligne, longue d'une lieue et demie. Voici quelle était en ce moment la position des divers corps engagés : le 1er corps bavarois était arrivé à Langensulzbach pour appuyer le 2e corps et avait précédé même les troupes prussiennes à Wœrth ; le 11e corps prussien attaqua Frœschwiller soutenu par une division wurtembergeoise du corps du général Werder comme réserve. A Frœschwiller aussi bien que sur les hauteurs environnantes, l'armée française fit une résistance opiniâtre ; elle reprit même l'offensive un instant, entre 2 et 3 heures, en partie avec des troupes fraiches arrivées dans ce moment, mais l'appui énergique du 1er corps bavarois à la droite du 5e corps prussien, et de la 1re brigade wurtembergeoise décida enfin la bataille en faveur des Allemands.

Les Français abandonnèrent Frœschwiller vers 4 heures et se jetèrent sur leurs lignes de retraite. Comme la cavalerie allemande se tenait prête, la poursuite put se faire d'une façon très-énergique, ce qui changea la retraite en véritable déroute ; elle se continua jusqu'à Saverne, à plus de six lieues de Wœrth. On fit un grand nombre de prisonniers, environ 8,000, dont 2,500 blessés ; Mac-Mahon perdit son fourgon d'état-major, contenant toute sa correspondance, la caisse de l'armée avec 300,000 francs, 100 chevaux, des effets, des armes, 30 canons, 6 mitrailleuses et 2 aigles. Le résultat le plus important de cette victoire était l'impossibilité dans laquelle se trouvait l'armée française de défendre désormais les défilés des Vosges.

Nous faisons suivre le rapport officiel du maréchal Mac-Mahon et le lecteur verra qu'il est en accord parfait

sur les points essentiels avec le rapport allemand. Seulement, au sujet de la retraite, il dit qu'elle a été protégée
par deux divisions, ce qui aurait permis aux troupes de
se retirer sans être trop inquiétées. Pourtant le nombre
des prisonniers, la perte de la caisse du corps et du fourgon d'état-major du maréchal semblent prouver suffisamment que cette retraite a dû être assez précipitée. Un
correspondant du *Siècle*, M. Ed Texier, qui a vu passer
ces troupes en retraite à Sarrebourg, assure qu'un nombre considérable étaient sans armes, sans sacs, sans aucun équipement. Ceci prouve donc bien une fuite et non
pas une retraite en ordre.

Certes les troupes françaises se sont battues avec une
grande bravoure, et si elles ont dû céder le terrain dans
cette bataille, c'est au nombre très-supérieur des forces
allemandes, qui était au moins double; par contre il faut
convenir que les positions françaises étaient choisies et
très-fortes, de sorte que les Allemands peuvent encore
réclamer l'éloge de la bravoure dans cette bataille.

Voici maintenant le texte du rapport français :

« Le 6 août, après avoir été obligé d'évacuer la veille
Wissembourg, le 1er corps, dans le but de couvrir le chemin de fer de Strasbourg à Bitche et les voies de communications principales qui relient le revers oriental au
revers occidental des Vosges, occupait les positions suivantes : La 1re division était placée, la droite en avant
de Frœschwiller, la gauche dans la direction de Reichshofen, appuyée à un bois qui couvre ce village, elle déta-
chait deux compagnies à Neuwiller et une à Jaeger-
thal.

» La 3e division occupait, avec la 1re brigade, un contrefort qui se détache de Frœschwiller et se termine en pente vers Guersdorf; la 2e brigade appuyait sa gauche à Frœschwiller et sa droite au village d'Elsashausen. La 4e division formait une ligne brisée à la droite de la 3e division, sa 1re brigade faisant face à Gunstett, et sa seconde vis-à-vis du village de Morsbronn qu'elle n'avait pu occuper faute de forces suffisantes. La division Dumesnil du 7e corps qui m'avait rallié, le 6 de grand matin, était placée en arrière de la 4e division.

» En réserve se trouvait la 2e division derrière la 2e brigade de la 3e division et de la 1re brigade de la 4e division. Enfin plus en arrière se trouvait la brigade de cavalerie légère, sous les ordres du général Septueil, et la division de cuirassiers du général de Bonnemain; la brigade de cavalerie Michel, sous les ordres du général Duhesmes, était établie en arrière de l'aile droite de la 4e division.

» A sept heures du matin, l'ennemi se présenta en avant des hauteurs de Guersdorf en engageant l'action par une canonnade bientôt suivie d'un feu de tirailleurs assez vif contre la première et la troisième division. Cette attaque fut assez prononcée pour obliger la première division à faire un changement de front en avant sur son aile droite pour empêcher l'ennemi de tourner la position générale. Un peu plus tard, l'ennemi augmenta considérablement le nombre de ses batteries et ouvrit le feu sur l'autre des positions que nous occupions sur la rive droite de la Sauerbach. Bien que plus sérieuse, et plus fortement accentuée que la première, qui se continuait d'ailleurs, cette seconde démonstration n'était qu'une fausse attaque qui fut vivement repoussée. Vers midi l'ennemi prononça son attaque vers notre droite. Des nuées de tirailleurs appuyés par des masses considérables d'infanterie et protégées par plus de 60 pièces de canon placées sur les hauteurs do Gunstett, s'élancèrent sur la 2e division et sur la 2e brigade de la 3e division qui occupaient le village d'Elsashausen. Malgré de vigoureux retours offensifs plusieurs fois répétés, malgré les feux bien dirigés de l'artillerie et plusieurs charges brillantes de cuirassiers, notre droite fut débordée après plusieurs heures d'une résistance opiniâtre. Il était 4 heures. J'ordonnai la retraite. Elle fut protégée par la 1re et la 2e division qui firent bonne contenance et permirent aux autres troupes de se retirer sans être trop vivement inquiétées. La retraite s'effectua sur Saverne par Niederbronn, où la division Guyot de Lespart du 5e corps qui venait d'arriver, prit position et ne se retira qu'à la nuit close. »

Les pertes de l'armée française ont été évaluées à 10,000 hommes environ en tués et blessés, parmi lesquels beaucoup d'officiers ; plus 8,000 prisonniers, comme nous le disions plus haut. L'armée allemande accuse environ 11,000 hommes tués, blessés et disparus.

Spicheren-Forbach.

Le même jour, le 6 août, où l'aile gauche des armées allemandes gagnait la bataille de Wœrth, l'aile droite, l'armée du général de Steinmetz, réussit à refouler les Français des fortes positions qu'ils occupaient près de Sarrebruck sur les hauteurs du Spicheren, en avant de Forbach.

Après la petite comédie exécutée, le 2 août, à Sarrebruck, le général Frossard n'avait pas jugé utile de poursuivre sa *grande victoire*; au contraire il se retira, après avoir incendié cette petite ville ouverte et sans garnison, sur les hauteurs boisées de Spicheren. Il y fut attaqué plus tôt que ne l'aurait voulu l'état-major général allemand, qui aurait préféré forcer l'armée française d'abandonner cette position par la marche en avant de l'armée du prince royal. Mais les avant gardes, trop impatientes, engagèrent la 14e division prussienne, sous le général de Kamecke, dans un combat qui prit bientôt un caractère sérieux, de sorte qu'il fallut envoyer des secours : c'est ainsi que cette affaire d'avant-garde devint une bataille et en même temps une victoire pour l'armée allemande. — Le rapport officiel allemand donne la description suivante de l'affaire :

Dans la matinée du 6 août, le 7e corps d'armée avait ses avant-gardes près de Herchenbach à une lieue et demie au nord-ouest de Sarrebruck, et les postes avancés près de la Sarre. Dans la nuit du 5 au 6 les Français avaient abandonné leur position à la plaine des manœuvres de Sarrebruck. La division de cavalerie Rheinbaben passa cette ville le 6 vers midi, mais dès que son avant-garde composée de deux escadrons apparut sur la colline du champ de manœuvres, elle fut accueillie par une vive fusillade partant des hauteurs de Spicheren Ces hauteurs, boisées, en partie, s'élèvent assez rapidement et forment pour ainsi dire une forteresse naturelle, montant à quelques centaines de pieds au-dessus de la vallée qui s'étend entre elles et Sarrebruck; presque abruptes elles flanquent cette vallée de tous côtés comme des bastions. Des officiers français prisonniers ont avoué qu'ils avaient souri, lorsqu'on vient leur annoncer que les Prussieus attaquaient cette position. Ils la jugeaient imprenable et ils avaient la conviction que l'armée allemande allait s'exposer à une défaite complète. Entre midi et une heure, la 14ᵉ division prussienne arriva à Sarrebruck, et se trouva bientôt en face des forces ennemies dans la vallée située entre la plaine des manœuvres de Sarrebruck et les hauteurs de Spicheren. Le combat s'engagea. Le général Frossard, déjà en retraite avec une partie de ses troupes, leur fit faire volte-face, et jeta tout son corps dans les positions qu'il venait de quitter à peine. Une division du 3ᵉ corps, Bazaine, le rejoignit bientôt. La 14ᵉ division prussienne se trouva donc en face d'un ennemi très-supérieur en nombre, et c'eût été folie de vouloir l'aborder de front. Le général de Kamecke essaya de prendre l'ennemi en flanc en faisant passer cinq de ses bataillons par Stiring, sur la gauche des Français. Cette tentative échoua et le combat devint très-sérieux ; vers trois heures, toutes les troupes de cette 14ᵉ division se trouvaient engagées. Heureusement que la division Barnekow accélera sa marche dès qu'elle entendit gronder le canon, et se dirigeant sur le bruit, elle réussit à faire arriver, après beaucoup d'efforts, deux de ses batteries sur le champ de bataille. Bientôt après arriva le colonel Rex avec le 40ᵉ régiment et 3 escadrons du 9ᵉ régiment de hussards, et en même temps on vit apparaître sur le Winterberg les têtes des colonnes de la 5ᵉ division, général de Stulpnagel, dont l'avant-garde se trouvait le matin à Sulzbach ; au bruit de la bataille, il avait mis toute sa division en marche ; deux batteries partaient à marches forcées par la grande route, et l'infanterie était expédiée en partie par le chemin de fer de Neunkirchen jusque dans les environs de Sarrebruck. — Vers 3 heures et demie, la division Kamecke avait reçu assez de renforts pour que le général de Gœben, arrivé entre-temps et qui avait pris le commandement, pût décider l'attaque de la forte position de l'armée française. Le principal effort offensif fut dirigé contre la partie boisée des hauteurs. Le 40e régiment soutenu à sa droite par des troupes de la 14e division, et à la gauche par quatre bataillons de la 5e division, exécuta cette manœuvre. Une réserve se formait par des bataillons de la 5e et 16e divisions qui arrivaient successivement. L'attaque réussit : le bois fut pris et l'ennemi refoulé ; les troupes toujours montant arrivèrent jusqu'à la lisière du bois ; là le combat se tint quelque temps. L'ennemi en réunissant les trois armes, essaya de reprendre ses positions ; mais l'infanterie prussienne soutint le choc. En ce moment l'artillerie prussienne après des efforts inouïs, avait réussi à porter deux batteries sur les hauteurs de Spicheren par d'étroits sentiers. Une seconde attaque des Français fut repoussée également. Ils essayèrent alors de tourner l'aile gauche des Allemands dans la direction d'Alslingen, mais ils rencontrèrent quelques bataillons de la 5e division qui se trouvaient en arrière en réserve. Des deux côtés le combat était acharné. Une troisième fois, les Français, toujours en nombre supérieur, ramassèrent leurs forces, mais cette dernière attaque aussi se brisa contre l'énergie et le calme de l'infanterie prussienne et l'excellent tir de leur artillerie. Vingt-sept bataillons prussiens, appuyés par l'artillerie divisionnaire, avaient gagné une victoire brillante contre des forces plus nombreuses dans des positions jugées presque inexpugnables.

— La nuit tombait, lorsque l'ennemi commença sa retraite qu'il protégea en développant toute son artillerie sur les hauteurs voisines : elle tira longtemps encore, mais sans grand effet. — La cavalerie, à cause des difficultés du terrain, n'eut pas d'influence sur le sort de la bataille. La 13e division prussienne avait passé la Sarre près de Werden ; elle prit Forbach où elle trouva beaucoup d'approvisionnements, et força par ce mouvement le corps de Frossard, recueilli par deux divisions du corps Bazaine, de continuer sa retraite vers le sud-ouest en abandonnant la route de Saint-Avold. Les pertes étaient grandes des deux côtés. Les Français perdirent en outre quelques milliers de prisonniers, 40 pontons et un grand nombre d'effets de campement. L'armée prussienne avait à déplorer la mort de l'excellent général de François. Le résultat de cette victoire dépassa l'attente des Allemands, car le corps Frossard était dispersé et démoralisé : toute la route de retraite était parsemée de fourgons, d'armes et d'effets abandonnés ; les bois étaient remplis de soldats débandés. — Dans ce combat il y avait 27 bataillons prussiens contre 52 bataillons français, et tout en admettant que les bataillons français sont numériquement plus faibles que les bataillons allemands qui comptent 1,000 hommes, nous trouverons en chiffres ronds 30,000 Allemands contre 40,000 Français environ. Nous n'avons vu aucun rapport officiel français sur cette bataille ; les télégrammes sont très-vagues et se bornent à dire : Des forces supérieures ayant attaqué le corps Frossard, celui-ci a dû se replier ; mais ils ne fournissent aucun renseignement précis.

L'impression que ces événements firent à Paris est

trop connue pour qu'il soit nécessaire d'y revenir ici. Le ministre Ollivier, l'homme au *cœur léger*, donna sa démission après des scènes tumultueuses au Corps législatif et le comte de Palikao fut chargé de former un nouveau ministère. Paris et le département de la Seine furent déclarés en état de siége, car on commençait à sentir la possibilité de voir arriver l'ennemi devant Paris. On compléta avec ardeur ses fortifications, on ordonna d'approvisionner la ville et de détruire dans les environs tout ce qui pourrait servir à l'ennemi ; ceci est certainement très-juste et même très-patriotique, mais il faut agir avec discernement en suivant un plan arrêté d'avance et c'est ce que les Français ne firent pas ! on démolissait à tort et à travers, on dévastait toute la campagne, quitte à accuser plus tard les troupes allemandes de toutes ces déprédations. On expulsa tous les Allemands dans les 24 ou 48 heures, même des gens établis depuis nombre d'années et offrant par là des garanties assez bonnes contre les soupçons d'espionnage ; au commencement de la guerre on ne voulut pas les laisser partir, sans doute de peur qu'ils ne trahissent les mouvements des armées. Partout on voyait ou croyait voir des espions prussiens et les journaux ont raconté assez de faits qui prouvaient avec quel aveuglement on agissait dans ces circonstances. Peu s'en fallût qu'on ne renouvelât les scènes de la Terreur sous la première république. Toutes les épithètes malsonnantes du dictionnaire français furent épuisées contre les troupes allemandes, qui pourtant montrent une discipline que l'armée française est loin de posséder. On leur reproche d'incendier les villages, mais on ne dit pas les faits qui ont précédé ces représailles. Quant à la défense faite aux habitants de prendre les armes, elle ne concerne que les individus isolés, qui sans s'enrôler dans quelque corps constitué militairement, tueraient, disons franchement le mot, assassineraient des soldats. Cette loi de guerre est du reste commune à toutes les nations, l'armée belge ou anglaise, aussi bien que l'armée française aurait publié exactement les mêmes ordonnances en entrant dans le pays avec lequel elle se trouverait en guerre ou aurait agi de la même façon. Certes la guerre est horrible et nous désirons de tout cœur que celle-ci soit la dernière, mais les Français ne peuvent réclamer pour eux une inviolabilité, qu'ils n'auraient certainement pas accordée aux autres nations. Que n'a-t-on pas dit sur le bombardement de Strasbourg, et sur le bombardement de Paris ! Pourtant si une armée ennemie entrait en Belgique, n'aurait-elle pas fait le siége d'Anvers et bombardé cette ville ? Si l'armée française avait eu le succès de son côté, n'aurait-elle pas fait le siége de Mayence, ou de Cologne, ou de Coblence ? Eh bien, Strasbourg et Paris sont des forteresses et comme telles exposées aux rigueurs de la guerre. Le bombardement de Strasbourg peut être taxé d'acte impolitique, puisque les Allemands ont l'intention de la garder, mais hors de là il n'y a aucun reproche à faire à ce sujet aux Allemands. Si nous avons ouvert cette parenthèse, c'était dans l'intention de rétablir quelque peu les faits sous leur vrai jour et de réduire à leur juste valeur les correspondances passablement fantaisistes et les déclamations de beaucoup de journaux.

Batailles autour de Metz.

Reprenons à présent le récit des faits de la guerre. Après les deux batailles de Wœrth et de Forbach, la première gagnée par la 3e armée ou l'aile gauche sous le prince royal de Prusse, la seconde par la 1re armée ou l'aile droite sous le général de Steinmetz. L'armée du centre, ou la 2e armée, sous les ordres du prince Frédéric-Charles de Prusse qui avait son quartier général d'abord à Mayence, quitta ses positions le 30 juillet et marcha par Alzey, Kirchheim-Bolanden, Winnweiler, Kaiserslautern et Hombourg vers Blieskastel pour de là passer la frontière du Palatinat et entrer en France, ce qui eut lieu dans la nuit du 7 au 8 août. L'armée française se concentrait en arrière, suivant un télégramme de l'Empereur, pour défendre la ligne de la Moselle.

La retraite de Mac-Mahon livrait, comme nous l'avons dit déjà, l'Alsace aux armées allemandes. Quelques petites forteresses des Vosges, comme Petite-Pierre et Lichtenberg furent occupées, et le 10 août la division badoise arriva devant Strasbourg qu'elle commença à investir. Le 14 août la petite forteresse de Marsal capitula après un court bombardement et livra aux Allemands 512 prisonniers avec 60 canons.

La nombreuse cavalerie allemande resta toujours sur les talons de l'armée française en retraite; les troupes d'infanterie suivaient à marches forcées, malgré le mauvais temps qui régnait à cette époque, et les nombreuses difficultés qu'offrait le terrain. Cette poursuite rapide ne permit pas à l'armée française de se rallier complétement; elle abandonna bientôt la ligne de la Nied, petite rivière qui se jette dans la Sarre, et se retira sur la Moselle aux environs de Metz, qu'elle devait quitter, ou essayer de quitter peu de temps après; malheureusement pour elle, trop tard. Nancy avait été abandonné par les Français et ne tarda pas à être occupé par la cavalerie allemande. Frouard, le point de jonction des chemins de fer de Nancy à Metz et à Toul, n'était pas gardé par les troupes françaises et reçut par conséquent une garnison allemande, car l'avant-garde de l'armée du prince Frédéric-Charles avait déjà atteint les environs de Pont-à-Mousson.

Avant d'entreprendre le récit des batailles qui eurent lieu autour de Metz, nous allons dire quelques mots de cette place importante. C'est une forteresse de premier ordre ; elle forme une des plus grandes places d'armes et de dépôt de la France ; la ville renferme environ 55,000 habitants et peut loger facilement une garnison de 10,000 hommes au moins. Point central de deux grandes lignes de chemins de fer, dont l'une longe la Moselle allant par Thionville et Luxembourg vers Liége, l'autre venant de Paris par Châlons et Verdun rejoint les lignes rhénanes ; toutes les deux sont dominées par les canons de la forteresse. La Moselle traverse la ville en deux bras, dont l'un est naviguable, l'autre barré ; elle y forme deux îles, l'une occupée par des fortifications, l'autre par l'un des plus grands quartiers de la ville. La Seille parcourt aussi la ville et se jette dans la Moselle après avoir formé également une petite île. L'enceinte quoique bastionnée irrégulièrement, est très-peu accessible à cause des larges fossés remplis d'eau et des terrains d'inondation que forment au sud et au sud-ouest de la ville la Moselle et la Seille. En dehors de l'enceinte, il y a plusieurs forts détachés qui renferment un vaste camp retranché ; les principaux sont le fort de Saint-Julien au nord-est, le fort de Queuleu au sud-est, celui de Saint-Quentin à l'ouest et de Tignomont au nord-ouest. Le fort de Queuleu est le plus bas et se trouve dominé par les collines du côté de Mercy-le-Haut, tandis que le fort de Saint-Julien domine tous les environs. Le terrain, entre la Moselle et la Meuse est très-favorable à la défense.

C'est sur cette ligne que se concentra l'armée française, dont le gros sous les ordres du maréchal Bazaine, auquel l'Empereur avait cédé le commandement, comprenait les 2e, 3e, 4e et 6e corps, plus la garde impériale. Le 1er et le 5e corps, Mac-Mahon et de Failly, se réorganisaient à Châlons, où ils formaient avec le corps du général F. Douay une armée qui, après avoir reçu des renforts de Paris, comptait encore environ 130 à 150,000 hommes. L'armée de Metz était plus forte encore. — Le maréchal Bazaine se décida, suivant les bruits, sur les conseils du général Changarnier, à ramener son armée vers Châlons, pour se joindre à la seconde armée, et attendre dans les plaines de la Champagne l'armée allemande, afin de lui livrer dans des bonnes positions une bataille décisive.

Le quartier général allemand avait sans doute pénétré ce plan et tous ses efforts tendaient par conséquent à empêcher cette jonction des deux armées ; et il a réussi même au delà de toutes ses espérances.

Les armées allemandes avaient atteint la Moselle sur trois points ; le général Steinmetz devant Metz, le prince

Frédéric-Charles à Pont-à-Mousson, et le prince royal à Nancy. — L'armée française sous les murs de Metz se trouvait à l'abri d'une attaque directe, et on ne pouvait empêcher sa retraite vers la Meuse, que si l'on parvenait à la tourner. C'est au prince Frédéric-Charles que fut confiée cette tâche importante. Il dirigea donc à marches forcées son armée sur Pont-à-Mousson, à 30 kilomètres environ au sud de Metz, pour y passer la Moselle. Au dernier moment les Français tentèrent de disputer ce passage et y dirigèrent une partie de leurs troupes par chemin de fer ; mais n'étant pas en forces suffisantes et rencontrant déjà l'avant-garde prussienne dans la ville, ils durent rebrousser chemin. Le prince Frédéric-Charles fit semblant de marcher droit sur la Meuse dans la direction de Verdun, tandis que son but véritable était la route de Metz à Verdun formant la ligne de retraite de Bazaine. Il s'agissait de surprendre l'armée française pendant la marche et de la forcer à livrer bataille, mais il était fort douteux que l'on parvînt, même à marches forcées, à atteindre cette ligne avant le 16 août, et les Français commencèrent leur mouvement de retraite déjà le 14. Il devint absolument nécessaire par conséquent d'arrêter l'armée française un jour ou deux, ce qui réussit par l'attaque du général Steinmetz et de l'aile droite de l'armée du prince Frédéric-Charles, dans la bataille de Courcelles, ou de Borny, suivant les Français, le 14 août.

Ce jour, vers midi, l'armée sous les ordres de Steinmetz avait pris les positions suivantes :

La 2e division du 1er corps d'armée près de Les Etangs sur la route de Metz à Boulay ; la 1re division du même corps près de Courcelles sur la route de Metz à Saint-

Avold. La 13e division du 7e corps, près de Dommange-
ville et le 8e corps en seconde ligne comme réserve près
de Varize, autour de Bionville. La 3e division de cavalerie
était à l'aile droite près de Sainte-Barbe, et la 1re division à l'aile gauche près de Frontigny. Les avant-postes
se trouvaient à environ 7 kilomètres de Metz, tandis que
le gros campait sur le bord de la Nied française. L'armée française avait occupé en forces les coupures du terrain formées par les ruisseaux près de Colombey et
Nouilly. Vers quatre heures de l'après-midi les Allemands
s'aperçurent de quelques mouvements dans les lignes
françaises, ce qui les engagea à pousser une forte reconnaissance en avant, mais ils rencontrèrent une résistance
énergique. Les Français développèrent leurs forces de
façon que le général de Manteuffel commandant le
1er corps et le général de Zastrow commandant le 7e corps
durent faire avancer leurs troupes. Lorsque l'avant-
garde du 7e corps, formée par la brigade von der Goltz,
reçut l'avis que la 1re division, général de Bentheim, commençait l'attaque, elle avança sur Colombey et fut bientôt engagée dans un combat très-vif. Elle réussit pourtant,
mais en employant toute sa réserve, à se maintenir dans
la position près de Colombey, contre des forces très-supérieures jusqu'à ce que la brigade von der Osten vint à son
secours. Le général de Zastrow arriva vers 5 heures sur
le lieu du combat et prit le commandement; il fit avancer
tout son corps. Vers 6 heures toute la division du général de Glümer se trouvait au feu et se maintint avec peine
dans sa position. La division Kamecke était concentrée à
6 heures et demie près de Marsilly. Six batteries étaient
en ligne, les autres en réserve abritées dans un pli du

terrain au Sud de Coincy. Pour dégager et appuyer la division de Glümer le général de Zastrow envoya vers 6 heures et demie la brigade Woyna sur le flanc droit des Français près de Colombey ; elle exécuta ce mouvement avec beaucoup de bravoure et les Français furent refoulés, ce qui permit à la brigade Osten de prendre le bois situé au nord de Colombey. La 27e brigade se trouvait intacte en réserve. Vers 8 heures et demie l'ennemi se retira partout. En même temps que le 7e corps, l'avant-garde du premier corps attaqua ; la 1re division dans la direction de Montoy, et la 2e vers Noisseville. Les Français qui essayèrent avec des grandes forces de gagner du terrain de ce côté, furent repoussés, mais au prix de pertes sérieuses pour les Allemands ; l'arrivée des réserves de l'artillerie et de l'infanterie décida le combat en leur faveur, et la nuit fit cesser la lutte aussi de ce côté. Sur l'aile gauche, la 1re division de cavalerie s'était portée en avant jusqu'à Mercy-le-Haut et poussa son artillerie en avant de cet endroit. Le 36e régiment d'infanterie, du 9e corps, faisant partie de l'aile droite de l'armée du prince Frédéric-Charles appuya ce mouvement à l'est de ce village. Sur l'aile droite la 3e division de cavalerie marcha vers Servigny, d'où son artillerie trouva l'occasion d'ouvrir un feu très-efficace. Les Français se retirèrent sous les canons des forts, ce qui empêcha les Allemands de les poursuivre, car ayant subi, comme nous l'avons dit déjà, des pertes assez sensibles, ils ne tenaient pas à s'exposer encore à l'artillerie des forts, mais ils restèrent sur le champ de bataille jusqu'à dix heures du soir.

La bataille de Courcelles donna le temps au prince Frédéric-Charles de faire le mouvement tournant, et la suite montrera qu'il sut profiter de cette journée.

Le 15 août les Français commencèrent à quitter Metz et prirent la route de Verdun ; l'Empereur et son fils se trouvaient encore à l'armée, mais comme la marche ne se faisait pas très-rapidement à cause des nombreux bagages, et que l'on devait s'attendre à une attaque de l'armée allemande, l'Empereur quitta son armée le 16 au matin pour aller par Etain à Verdun, tandis que Bazaine avec l'armée devait continuer sa marche par la route directe de Metz à Verdun ; mais déjà à Mars-la-Tour elle fut arrêtée dans ce mouvement par les premières troupes prussiennes.

Le prince Frédéric-Charles ne put amener qu'une partie relativement faible de ses troupes, car le terrain très-accidenté offrait trop de difficultés. Les têtes de colonnes seules arrivèrent au bon moment pour interrompre la marche de l'ennemi, et durent soutenir pendant six heures le combat contre les forces très-supérieures des Français jusqu'à ce que le reste de l'armée les rejoignît. Suivons maintenant le rapport officiel allemand sur cette terrible journée.

Le matin du 16, le général d'Alvensleben, commandant le 3e corps, fut averti par les avant-gardes que près de Vionville on apercevait des avant-postes français et derrière eux un campement. Tout indiquait que l'armée ennemie voulait se retirer vers le Nord.

Les Français occupaient fortement le village de Vionville, la ferme de Flavigny et les hauteurs à l'ouest et au sud-ouest de ces endroits ; le gros de leurs forces se trouvait au nord et à l'est de Vionville dans la direction de Rézonville.

La 5e division, général de Stülpnagel, et la 6e, général de Buddenbrock, commencèrent l'attaque des hauteurs qui furent enlevées après un combat acharné, ainsi que Vionville et Flavigny qui avaient été canonnés vivement par l'artillerie, et malgré des retours offensifs plusieurs fois répétés par les troupes françaises, les Allemands les conservèrent. L'artillerie du corps se maintint également dans sa position entre Gorze et Flavigny contre plusieurs retours offensifs des Français qui l'exposaient à un feu très-nourri.

La 5e division d'infanterie prussienne cherchait surtout à arrêter l'ennemi et à l'empêcher de gagner du terrain ; une attaque à la baïonnette le refoula enfin jusqu'à Rézonville. Elle conserva les bords du plateau et la lisière du bois de Saint-Arnould, pendant un combat de dix heures et dut soutenir les retours les plus violents, qui se brisèrent chaque fois devant son feu bien dirigé et celui non moins terrible de son artillerie, mais au prix de pertes très-grandes. Lorsque le général reçut l'avis que l'infanterie française reculait en désordre, il fit faire une charge par la 6e division de cavalerie ; elle fut exécutée avec une grande bravoure, mais elle devait coûter cher, car elle rencontra de l'infanterie intacte en marche sur Vionville, et qui, en se jetant dans les fossés de la route, la reçut par un feu très-meurtrier. Un bois au nord de Vionville offrait à l'armée française une position qui lui permettait de continuels retours offensifs sur Vionville. Le 24e régiment d'infanterie reçut l'ordre d'avancer contre ce bois, il y pénétra et y soutint un combat très-vif qui resta longtemps indécis Ce bois formait la clef de la position française où le sort de la bataille devait être décidé, d'autant plus que le général apprit qu'un autre corps français, parti de Metz dans la direction de Doncourt, avait fait volte-face et marchant au bruit du canon, abordait le plateau au sud de Bruville. Le 3e corps avait en réserve le 91e régiment et deux bataillons du 20e régiment d'infanterie. Mais au moment où l'on voulut employer cette dernière ressource, on vit apparaître la 20e division du 10e corps ; ses batteries montées arrivèrent au galop à 4 heures et demie, et couronnèrent une hauteur dominant le champ de bataille au nord de la route. Elles prirent en flanc le corps français qui se développait au sud de Bruville et empêchèrent en même temps l'ennemi de reprendre pied dans le bois cité plus haut

Bientôt les têtes de la 20e et de la 19e division entrèrent en ligne, dirigèrent leur attaque avec succès sur l'aile droite de l'ennemi et réussirent à le rejeter de sa route de retraite vers Verdun, suivant les plans arrêtés par l'état-major général. Le général de Voigts-Rhetz avait donné ordre à la brigade de Wedell d'attaquer l'aile droite des Français sur les hauteurs au nord-est de Mars-la-Tour. Le 16e régiment s'avança au delà de cet endroit, mais il fut reçu par un feu terrible de grenades qui incendia bientôt le village ; le régiment marcha pourtant en bon ordre vers le ravin profond qui précède ces hauteurs, pourtant il dut se replier ; alors le 1er régiment de dragons de la garde fit une charge brillante contre l'infanterie de l'aile droite des Français, qui lui coûta fort cher. La brigade Barby, ainsi que le 13e régiment de dragons et le 10e de hussards culbutèrent quelques régiments de la cavalerie de la garde impériale et firent prisonnier le général de Monteyn, commandant la division.

Très-tard dans la soirée, deux régiments du 6e corps, le 40e et le 72e, purent prendre part encore au combat sur l'extrême droite pour repousser les retours offensifs que les Français continuaient encore.

Lorsque l'ennemi recula enfin, une charge générale exécutée par le 3e régiment de hussards, le 3e et le 15e régiment de lanciers (uhlans) contre l'infanterie et la cavalerie de la garde fournit des résultats brillants et termina cette journée. On se battait depuis douze heures. C'est dans une de ces charges de la cavalerie allemande que fut culbutée l'escorte de l'état-major du maréchal Bazaine, et son commandant emmené prisonnier. Les Allemands perdirent beaucoup de monde; deux généraux, Dœring et Wedell, furent tués, deux autres blessés. Les pertes des Français furent sensibles aussi : 2,000 prisonniers, 7 canons et deux aigles restèrent entre les mains des Allemands.

En général les pertes de cette journée terrible sont évaluées à 15,000 hommes environ de chaque côté ; mais les Allemands avaient atteint leur but, car la route de Verdun fut coupée à l'armée française et deux jours plus tard une nouvelle bataille, décisive cette fois, celle de Gravelotte, compléta le drame sanglant de Metz.

Le 13 août le grand quartier général du roi Guillaume avait atteint Faulquemont, le 15 il avançait jusqu'à Herny, et il se trouvait le 16 à Pont-à-Mousson, où il resta jusqu'à la bataille de Gravelotte du 18. La journée du 16 ne laissait plus à l'armée française la possibilité de poursuivre sa retraite par la grande route directe de Verdun, mais il lui restait celle qui fait un détour vers le nord par Briey. Cette marche de flanc en présence de l'ennemi offrait beaucoup de danger, mais pourtant l'état-major allemand la crut probable, car c'était le seul moyen pour l'armée française de se soustraire à la position fâcheuse d'être coupée définitivement de Paris et de tout secours de ce côté. La journée du 17 fut donc employée par les Prussiens à réunir les divers corps pour une action décisive ; la cavalerie observait tous les mouvements des Français. Le matin du 18, le 7e corps de l'armée se trouvait au nord de Gravelotte, le 8e corps et la 1re division de cavalerie au sud de Rézonville. Le 1er corps et la 3e division de cavalerie restèrent sur la rive droite de la Moselle. Cette armée reçut l'ordre de couvrir d'abord au bois de Vaux et près de Gravelotte le mouvement de la 2e armée contre un retour offensif des Français. La 2e armée avança en échelons vers la route du nord en conservant par sa droite les communications avec la 1re armée.

Le 12e corps fut dirigé de Mars-la-Tour vers Jarny, et la garde royale avança entre Mars-la-Tour et Vionville vers Doncourt ; le 9e corps passa à l'ouest de Rézonville la chaussée, et marcha sur la ferme de Caulre, au nord de Saint-Marcel. Ces trois corps formaient la première ligne ; si l'on parvenait à atteindre les points indiqués, on était en possession de la route du nord. La cavalerie précédait les colonnes pour les éclairer. Si l'ennemi n'était pas en marche, il ne pouvait plus que tenir devant Metz. Dans ce cas les trois corps devaient faire une conversion à droite pour procéder à l'attaque.

La seconde ligne était formée par le 10e et le 3e corps ; comme réserve suivait le 2e corps qui devait quitter Pont-à-Mousson à 3 heures du matin pour marcher sur Bruxières.

Vers dix heures et demie, on avait acquis la certitude que l'ennemi, au lieu de continuer sa retraite, avait pris position sur les dernières hauteurs devant Metz.

La deuxième armée reçut donc pour instruction d'exécuter la conversion à droite en restant en contact par sa droite avec la 1re armée, et de diriger son centre vers Verneville, l'aile gauche vers Amanvillers. L'assaut général ne devait commencer que lorsque ce mouvement serait complétement terminé, et que l'on pourrait attaquer la forte position de l'armée française aussi bien de front que par son flanc droit.

Le 9e corps rencontra le premier quelques troupes avancées de l'ennemi. Vers midi, le bruit du canon du côté de Verneville indiqua que ce corps était engagé.

En conséquence le 1er corps reçut l'ordre d'occuper par le feu de son artillerie les troupes ennemies qu'il avait en face de lui. Le feu commença vers midi et trois quarts, lentement mais bien dirigé, contre les hauteurs du Point-du-Jour; l'artillerie française répondit vivement de toutes ses batteries, et malgré le bruit assourdissant de la canonnade, le son strident du feu des mitrailleuses se distinguait parfaitement.

Entre deux et trois heures l'action de l'infanterie commença. On savait alors que l'armée française avait pris position sur les hauteurs qui s'étendent de Sainte-Marie-aux-Chênes, par Saint-Ail et le bois de la Cusse vers le Point-du-Jour. Cette position très-forte déjà par la nature du terrain était encore renforcée par quelques ouvrages en terre et de nombreux fossés de tirailleurs établis en étages. Sur quelques points cette position avait l'aspect d'une véritable forteresse.

Il n'était pas possible de commencer l'attaque plus tôt parce que les divers corps n'avaient pas encore achevé leur mouvement tournant et que l'on tenait à attaquer des deux côtés à la fois.

Ce mouvement de conversion ne réussit pas complétement, il fallut donc se résoudre à marcher contre le front de cette formidable position.

Le combat fut long et opiniâtre sur tous les points. A l'aile gauche combattirent les Saxons et la garde prussienne près de Sainte-Marie-aux-Chênes, puis à Saint-Privat et à Roncourt. Plus à droite vers Saint-Ail, Habonville, au bois de la Cusse et à Verneville jusqu'au nord de la route de Verdun, se trouvait une partie de la garde et du 9e corps ; le 7e et le 8e corps étaient près de Gravelotte au bois de Vaux jusqu'à la Moselle, de sorte que même une brigade postée sur la rive droite de cette rivière put prendre part au combat par son artillerie. Quelques troupes du 3e et 10e corps, surtout l'artillerie, donnèrent également. Du côté des Français tout le gros de la principale armée se trouvait engagé, sauf les corps Mac-Mahon et de Failly, comme nous avons vu plus haut.

Ce n'est qu'à la nuit tombante que les troupes allemandes parvinrent à prendre d'assaut les hauteurs occupées par l'armée française. C'est le 2e corps qui après avoir marché toute la journée, car il venait de Pont-à-Mousson, décida la bataille ; surtout les régiments poméraniens, les 14e, 42e et 54e, soutenus par la 4e division. Moltke les attendait avec impatience, et à l'heure fixée, ils débouchèrent. Alors, sans perdre une minute, Moltke courut au-devant d'eux, leur fit une courte allocution et les conduisit lui-même à l'assaut des positions; l'attaque à la baïonnette fut irrésistible, rien ne tenait devant leur impétuosité; une hauteur après l'autre fut prise en très-peu de temps. Les adjudants de Moltke réussirent enfin à le retirer de la mêlée et il put retourner vers le point d'où le roi Guillaume observait la bataille pour lui annoncer que la victoire était aux Allemands. L'action finit à 8 heures et demie; les Français profitèrent de la nuit pour rentrer au camp retranché de Metz, en abandonnant un grand nombre d'hommes blessés, dispersés ou égarés. Près d'Amanvillers les Allemands prirent tout un camp; armes, effets, papiers, tout fut abandonné et montrait que la retraite se fit encore une fois avec précipitation et sans ordre aucun.

Après un combat aussi acharné, car les Français s'étaient battus avec une bravoure digne de leur ancienne renommée, les pertes furent terribles de part et d'autre. Le nombre des prisonniers fut moins grand à cause de la proximité de la forteresse qui empêchait une poursuite efficace. Mais le résultat de ces trois journées compensait les pertes; la principale armée française fut coupée de Paris et bientôt enfermée tout à fait à Metz.

Nous avons dû nous borner à citer le rapport officiel allemand, car il n'existe pas de rapport français. Dans les numéros de l'*Indépendance belge* du 2 au 5 novembre nous avons vu un article sur la capitulation de Metz écrit par un officier supérieur français et donnant une description un peu détaillée des journées des 14, 16 et 18 août; bien entendu celles des 14 et 16 sont représentées comme des victoires *complètes* remportées par les troupes françaises, suivant l'habitude française durant toute cette campagne. Il nous semble que, pour parler de victoire complète, il faut au moins avoir fait reculer l'ennemi, lui avoir pris ses positions; mais quand l'ennemi garde ses positions et que l'on se *concentre en arrière*, on devrait parler tout au plus de bataille indécise. Au sujet de la journée du 14, cet officier supérieur dit que les troupes françaises se sont retirées sur un ordre venu de Metz; ceci nous paraît assez juste, puisque l'armée française voulait quitter cette position; mais au moins on ne peut nier que les Allemands ne soient arrivés à leur but, puisqu'ils ont retardé cette retraite et donné par là le temps au prince Frédéric-Charles d'exécuter son mouvement tournant. Ce correspondant avoue que la marche de l'armée française était encombrée et gênée par de nombreux bagages, qu'elle était mal réglée, que l'infanterie était mêlée aux parcs, à la cavalerie, et qu'il était aisé de prévoir que la retraite projetée ne serait pas possible, que trop *d'accidents* pouvaient arriver. Raison de plus, suivant nous, pour bien se garder, pour faire reconnaitre les environs, surtout les flancs; cependant il paraît qu'on n'en fit rien, car dans la description de la journée du 16, cet officier avoue encore que le 2e corps fut surpris par une attaque *inattendue*. Comment, il *était aisé de prévoir* que la retraite serait au moins inquiétée et on se laisse surprendre? Faut-il absolument des ordres du commandant en chef pour prescrire que la troupe doit se garder, et bien se faire éclairer, surtout dans une retraite comme celle de Metz? Il nous semble que chaque chef de corps doit savoir ce qu'il doit faire dans ces circonstances! L'insouciance des Français, la mauvaise administration, et une discipline défectueuse sont cause dans cette guerre de toutes leurs défaites. Ne criez pas tant à la trahison, Messieurs, mais accusez un peu aussi votre imprévoyance, votre ignorance et la suffisance avec laquelle vous avez si mal jugé l'armée allemande. Nous citerons comme preuve quelques mots du même correspondant sur l'infanterie prussienne : « A Gravelotte » comme à Borny, comme dans tous les combats livrés » autour de Metz, on a pu remarquer deux faits impor- » tants : *l'infanterie prussienne n'a jamais tenu devant* » *la nôtre, on n'a pu l'aborder que par surprise.* L'artil- » lerie s'est montrée supérieure, etc., etc. « C'est à faire douter que cet officier ait assisté à la bataille de Grave- lotte, car il nous paraît que dans la journée du 18 août, l'armée française a vu l'infanterie prussienne d'assez près. Et la journée du 16 où un seul corps allemand arrê- tait pendant 6 heures l'armée française? Et l'assaut du Geisberg près de Wissembourg? celui des hauteurs de Spicheren, la bataille de Wœrth? Toutes ces affaires ne paraissent pas exister pour cet officier.

Nous aimerions à voir un jugement porté sur l'infan- terie allemande par le maréchal Mac-Mahon; et si le général Abel Douay n'était pas mort, il se trouverait probablement aussi en contradiction avec ce correspon- dant.

On nous répondra qu'à la bataille de Wœrth Mac- Mahon a été écrasé sous le nombre, soit — mais dans les autres batailles les troupes allemandes ne l'emportaient pas autant par le nombre que l'on veut bien le dire.

Autrefois, les généraux français surfaisaient plutôt la bravoure de leurs adversaires, mais dans cette campa- gne on remarque tout le contraire, ce qui n'est pas juste

ment très-adroit. De plus, l'armement de l'infanterie française est supérieur à celui des Allemands, et, puisque cela doit être, la bravoure lui appartient aussi exclusivement ; ces deux choses doivent pourtant compenser tant soit peu le nombre supérieur des Allemands, surtout si un Français vaut deux Prussiens ou trois Bavarois, suivant l'allocution de M. Glais-Bizoin à l'armée de la Loire. Les généraux allemands, dans leurs rapports, ont toujours rendu justice à la bravoure de l'armée française, mais les Français, au lieu de convenir franchement de leur défaite, préfèrent crier à la trahison, ne calculant pas qu'ils entachent leur propre réputation ; car que doit-on penser d'une nation qui produit tant de traîtres et qui est vaincue par un adversaire qu'elle dit lui être inférieur en bravoure ? — Nous devons encore relever un passage dans le récit de cet officier supérieur et lui opposer le rapport détaillé de l'officier allemand, en laissant le lecteur juger de quel côté se trouve la vérité. L'officier français dit, dans la description de la journée du 16 août : « Il y a
» eu de part et d'autre des actes d'audace extraordinaires.
» Le maréchal Bazaine et son escorte se trouvèrent enve-
» loppés dans un hourrah d'uhlans *qui avaient passé entre*
» *deux lignes françaises*, et qui, poursuivis de toutes parts,
» purent se retirer avec peu de pertes. Le 5e chasseurs et
» un régiment de hussards dont le numéro m'échappe, se
» mêlèrent à deux régiments de lanciers et de cuirassiers
» qu'ils détruisirent. »

Voici le récit du comte de Schmettow, major de cuirassiers, sur ce fait d'armes qui avait pour théâtre le terrain situé entre la route de Verdun et le bois au nord de Vionville : « ... Nous nous formions en deux lignes, le réginent de cuirassiers, à gauche, allant le long de la lisière du bois, et le régiment de lanciers à droite, à peu près cent pas en arrière. Notre brave général de Bredow, avec son état-major, quatre officiers, desquels il perdit trois, se tenait à la même hauteur.

» La première batterie que nous rencontrons ne peut décharger que deux de ses pièces et nous y sommes. Il était évident pour moi qu'il ne s'agissait point de ramasser des trophées, mais de culbuter tout ce qui se trouvait encore debout entre la chaussée et le bois. Dans la première batterie tout est sabré et nous continuons notre chemin, allant comme une tempête; nous arrivons sur une colonne d'infanterie qui est percée et sabrée, mais qui nous envoie pourtant une décharge lorsque nous sommes déjà passés. A ce moment les cuirassiers et les lanciers marchaient déjà en une seule ligne. Une seconde batterie est attaquée, tout ce qui ne se sauve pas tombe sous nos coups, et pêle-mêle avec les fuyards, nous arrivons près d'une seconde colonne d'infanterie; mais avant que nous l'ayons atteinte, deux escadrons de cuirassiers français s'élancent d'une clairière du bois dans les trouées qui se sont faites dans notre ligne très-diminuée et après avoir culbuté la dernière colonne d'infanterie nous retournons par la droite vers nos lignes toujours luttant contre les cuirassiers français. Revenus, à peu près à la même place d'où nous étions partis, j'ordonne au premier trompette que je rencontre de sonner le signal du régiment, mais son instrument troué par une balle lance un son qui me fait frissonner tout le corps. Je dus donc rassembler mes cavaliers par la voix, et de onze pelotons qui étaient partis, trois se trouvaient détachés ailleurs ; je n'en pouvais plus reformer que trois ; mon régiment perdit 7 officiers et 200 cavaliers. »

On voit que ces cavaliers n'ont pas passé *entre* deux lignes françaises, mais bien *à travers* et par dessus deux batteries ; ce qui fait, suivant nous, une différence assez importante pour être relevée ; cependant nous ne l'aurions pas fait, si nous n'avions trouvé dans l'article mentionné les combats autour de Metz représentés comme des *victoires complètes*, qualification qui nous a paru tout à fait injuste. Dans cette campagne, on remarque du reste généralement que les Français s'empressent un peu trop d'annoncer *de grandes victoires* ; ils n'attendent pas la fin des actions, et malheureusement pour eux, le résultat final justifie rarement leurs appréciations.

Beaumont et Sedan.

Après la bataille de Gravelotte, les cinq corps du maréchal Bazaine se trouvèrent enfermés à Metz, ainsi qu'un grand nombre de paysans qui avaient été employés aux travaux de fortifications, et plus de dix mille blessés. Il paraissait donc peu probable que cette ville pût tenir longtemps, surtout à cause du manque d'eau potable, car les Prussiens avaient coupé les aqueducs près de Gorce.

La première mesure que prit l'état-major allemand fut d'organiser l'armée destinée à investir la forteresse. Elle reçut comme général en chef le prince Frédéric-Charles qui prit son quartier général au centre de la position. Le corps de la garde prussienne, les 4e et 12e corps ainsi que la 5e et la 6e division de cavalerie formèrent une nouvelle armée, la quatrième, sous les ordres du prince royal de Saxe qui devait marcher vers la Meuse. Pour compléter le corps d'investissement autour de Metz, on fit venir une division de la landwehr, sous le général de Kummer.

Lorsque le prince royal de Prusse, dont le quartier général était alors à Nancy, apprit la victoire sur l'armée de Bazaine et son emprisonnement dans Metz, il jugea nécessaire de marcher rapidement sur Châlons où devaient se trouver, sous les ordres de Mac-Mahon, les quatre autres corps de l'armée française, et où l'on s'occupait de former la garde mobile. — La 3e armée commença immédiatement sa marche en avant; la quatrième, sous le prince royal de Saxe, s'était déjà avancée vers la Meuse, dès le 19 août.

Mais ce n'est pas à Châlons que l'on devait rencontrer l'armée française. Mac-Mahon abandonna le camp en brûlant les magasins, et les fourrages qu'il ne put emporter. Pourtant il ne se retira point sur Paris, où son armée aurait pu rendre de grands services à la défense de cette ville. Le ministre de la guerre, le maréchal comte de Palikao, lui donna l'ordre de débloquer Metz, ce qui nécessitait encore une fois une marche de flanc excessivement aventurée, surtout en face des deux armées allemandes en marche. L'armée de Mac-Mahon comprenait les corps suivants : le 1er, autrefois sous ses ordres directs, le 5e, De Failly, le 7e Félix Douay, le 12e nouvellement formé, dans lequel se trouvait une grande partie des troupes de marine, et de plus la cavalerie du 6e corps.

Mac-Mahon quitta Reims le 24 août avec le gros de son armée pour marcher par Vouziers vers Sedan et tourner ainsi l'aile droite de la quatrième armée allemande qui avançait vers Reims. Son but était de se réunir à Bazaine, ou de le débloquer, s'il n'avait pu sortir encore de Metz. Il comptait probablement que la 4e et la 3e armée marcheraient sur un front très-large vers Paris, car l'aile gauche de ces armées avait déjà poussé ses éclaireurs au-delà de la Meuse, tandis que l'aile droite n'avait pas encore passé les défilés de l'Argonne. Il pouvait donc espérer ne trouver en face de lui que la 4e armée, peut-être même seulement son extrême droite, et qu'en tout cas il pouvait s'appuyer sur la ligne des forteresses qui s'étend des Ardennes jusqu'à la frontière belge, comprenant les places de Rocroi, Mézières, Sedan, Montmédy, Longwy et Thionville, sur une étendue de quarante lieues environ. Aucune de ces places n'est très-forte, mais elles peuvent fournir toujours d'excellents points d'appui pour une armée qui voudrait opérer dans la direction de Verdun ou de Metz

Une partie de l'armée de Mac-Mahon, environ 20,000 hommes, fut envoyée par chemin de fer de Réthel par Mézières à Montmédy ; le gros des forces marcha sur Vouziers — L'état-major général allemand parait avoir reçu avis de cette marche de l'armée française le 26 août, car dans l'après-midi de cette journée le quartier général quitta subitement Bar-le-Duc pour se rendre à Clermont en Argonne, environ 35 kilomètres au nord du premier endroit. La 3e armée reçut immédiatement l'ordre de cesser sa marche sur Paris, de se concentrer vers le nord pour rejoindre la 4e armée et d'attaquer avec elle le maréchal Mac-Mahon pour l'arrêter dans sa marche, le refouler vers les départements du nord de la France et le couper de Paris.

Malgré les grandes distances et les mauvais chemins de cette partie du pays, le changement de front des Allemands se fit avec une célérité remarquable et un ordre parfait. La 4e armée, sous le prince royal de Saxe, vint la première en contact avec l'ennemi.

Le 27 août, le 3e régiment de la cavalerie saxonne, un escadron du 18e régiment de lanciers prussiens (uhlans) et une batterie montée eurent un combat victorieux contre six escadrons de chasseurs à cheval français à Busancy. Dans la mêlée, le commandant français, le lieutenant-colonel de la Porte, fut blessé et fait prisonnier, ainsi qu'un bon nombre de ses soldats ; les Saxons n'accusent que peu de pertes. — Le 29 août, les Saxons,

12e corps, livrèrent un combat heureux à Nouart, et deux escadrons de hussards prussiens prirent le village de Voncq, situé entre Vouziers et Attigny. Le 30 août, les deux armées allemandes eurent terminé leurs marches stratégiques et occupèrent une ligne d'environ trente kilomètres ; la 4e armée sur l'aile droite et la 3e sur l'aile gauche opérèrent dans la direction du Nord-Est. Dans la bataille de Beaumont, le seul corps du général de Failly était engagé du côté des Français, mais toute l'armée de Mac-Mahon fut forcée de s'arrêter, et le 31 août les Allemands réussirent à l'envelopper de telle façon qu'une capitulation seule pût la sauver de l'anéantissement complet.

C'est le 30 août que fut livrée la bataille de Beaumont. Depuis la retraite des français de Reims et l'attaque de la cavalerie allemande contre leurs positions à Vouziers, dans laquelle ils n'avaient fait aucune résistance sérieuse, on devait supposer au quartier général allemand que l'aile gauche de l'armée de Mac-Mahon étendrait sa ligne de retraite jusqu'à la frontière belge et qu'il chercherait même son salut sur ce territoire neutre. L'état-major allemand décida par conséquent de forcer Mac-Mahon à accepter une nouvelle bataille entre les Ardennes et la Meuse.

Voici l'ordre de bataille de la 3e armée, sous le prince royal de Prusse, comprenant des corps prussiens et des contingents de l'Allemagne du Sud. Le 1er corps bavarois qui avait été déjà lancé en avant le 27 août au delà de Vouziers, sur la route de Stenay, jusqu'à Bar et Busancy, devait marcher sur Sommauthe contre le front de la position française près de Beaumont ; le 2e corps bavarois le suivra dans la même direction.

Le 5e corps prussien marche de Brigenay et Authe sur Pierremont et Oches formant ainsi l'aile gauche des troupes de l'Allemagne du Sud. Les Wurtembergeois se dirigent de Boult-au-Bois par Châtillon vers Le Chêne.

Le 10e corps prussien prendra la même direction vers Le Chêne, mais en passant par Vouziers et Quatre-champs, à la gauche des Wurtembergeois; Voncq sera occupé par une colonne du 11e corps.

Le 6e corps suivra le 10e à Vouziers et établira ses cantonnements vers l'ouest, dans la direction de Châlons La 6e division de cavalerie passera en avant de Le Chêne vers l'ouest en marchant sur Tourteron. La 4e division de cavalerie suivra le 11e corps jusqu'à Quatre-champs, pour aller de là à Chatillon; la 6e division marche alors sur Semny et pousse ses avant-postes jusqu'à Bouvellemont, en se dirigeant vers la frontière belge du côté de Mézières. La 2e division de cavalerie marche sur Busancy.

Le quartier général de la 3e armée partit de Cenuc, vers 8 1,2 heures du matin, passa Grandpré, où s'était trouvé le quartier général du roi Guillaume pendant la nuit précédente, et atteignit bientôt Brigenay. Devant cet endroit, on trouva le campement des régiments d'infanterie nos 37, 46 et 50, plus le 5e d'artillerie. Vers 10 heures, le prince royal arriva à Busancy, et au coup de midi les premières détonations d'artillerie se firent entendre du côté du village d'Oches; c'était l'artillerie française qui avait pris position sur les premières hauteurs derrière ce village, et qui tirait sur l'artillerie allemande qui couronnait les hauteurs derrière Busancy. La distance entre ces deux endroits étant de 5,000 pas environ, le feu des Français resta sans effet. Du reste, ils ne paraissaient point avoir l'intention de faire une attaque sérieuse, car aussitôt que l'aile gauche des Allemands envoya de la cavalerie vers Oches, ils se retirèrent en suivant les hauteurs qui s'élèvent derrière Oches, vers le petit hameau de Stonne, situé sur le point culminant de ces collines, et qui est visible de fort loin.

Le prince royal avait dépassé Busancy et pris son point d'observation sur la hauteur que venaient de canonner les pièces françaises. On crut d'abord que les Français essayeraient de se maintenir à Stonne, car là les avantages du terrain étaient pour eux. Le terrain s'élève derrière Oches en terrasses : à demi hauteur se trouve le village La Berlière ; Stonne pouvait fournir une de ces positions défensives que l'armée française aime à choisir ; un petit village entouré de bouquets d'arbres et de haies, protégé à sa sortie par deux petits monticules, ayant presque l'aspect d'une redoute. Malgré cette position avantageuse, les troupes françaises se retirèrent encore, sans doute parce que le centre de leur position à Beaumont avait été forcé Ici, suivant les dispositions du quartier général, le 1er corps bavarois avait attaqué et refoulé les Français après un combat très-énergique. En même temps, la 4e armée sur la rive droite avait fait un mouvement correspondant vers Mouzon, point qui fut disputé de 6 à 8 heures par un feu très-violent de l'artillerie française et de leurs mitrailleuses. La nuit mit fin au combat.

L'armée française avait encore arrêté pour un jour la catastrophe décisive, mais malgré cela, les combats du 30 août avaient une grande influence au point de vue de la tactique. On a gagné de nouveau beaucoup de terrain sur l'ennemi; les défilés des Ardennes se trouvent entre les mains des Allemands, et leurs troupes sont assez avancées pour pouvoir prendre comme base d'opération le terrain entre la Meuse et la frontière belge. Suivant des prisonniers qu'on avait faits, le moral de l'armée française est fort déprimé et leurs pertes ont été encore une fois très-sensibles. Le prince royal suivit d'Oches jusqu'à Stonne, la ligne de retraite des Français, et put observer de ce dernier endroit la canonnade contre Mouzon; vers dix heures, il rentrait à son quartier, qui avait été avancé jusqu'à Rourmont. Les trophées de cette journée étaient considérables: 20 canons, 11 mitrailleuses et 7,000 prisonniers, qui augmentèrent encore d'heure en heure, restèrent entre les mains des Allemands. Du rest e, à partir de ce moment jusqu'à la catastrophe de Sedan, il n'y avait plus qu'une retraite continuelle des Français et une poursuite incessante de la part des Allemands. Déjà le 31 août une grande partie des débris du corps de Failly passa la frontière belge et déposa les armes.

Après la bataille de Beaumont, les Prussiens et les Saxons avancèrent le 31 août sur la grande route que les Français avaient suivie avec le gros de leurs forces dans leur retraite vers la Meuse, où ils cherchèrent à se concentrer à Sedan. Cette journée compte aussi plusieurs combats, mais moins importants que celui de Beaumont, et qui avaient pour but surtout la prise de la petite ville de Carignan. Les Français furent partout refoulés derrière la Meuse par l'armée du prince royal de Saxe, qui avança toujours en combattant par Carignan et Mouzon. Les Français se retirèrent sur Douzy et Villers. A l'ouest, l'armée du prince royal de Prusse avait complété presque partout son mouvemant tournant. Au centre se trouvait seule la 1re division bavaroise, sous le général von der Tann, comprenant trois brigades d'infanterie et trois bataillons de chasseurs. Sa tâche était surtout d'inquiéter l'ennemi et de lui faire croire qu'il avait en face de lui tout un corps d'armée ; les batteries bavaroises entretenaient donc un feu continuel par-dessus la rivière, et le village de Bazeilles, où les Français s'étaient retranchés, fut incendié. Les Bavarois établirent deux ponts sur la Meuse hors d'atteinte des batteries françaises. Deux compagnies de chasseurs attaquèrent le pont du chemin de fer et réussirent à l'enlever, mais malgré des ordres contraires, elles se laissèrent entraîner à poursuivre les Français sur l'autre rive et là elles furent reçues par un feu de mitrailleuses et d'infanterie tellement meurtrier qu'elles durent se replier promptement. Vers 6 heures du soir, le combat cessa ; il avait duré depuis 11 heures du matin.

Dans ces deux journées du 30 et 31 août, l'armée du maréchal Mac-Mahon avait été poussée vers la frontière belge ; cependant les Allemands avaient réussi à jeter des forces considérables entre lui et la frontière, et les troupes qu'il avait eu à combattre jusqu'ici lui barrèrent la retraite vers Mézières.

C'est ainsi que fut amenée la catastrophe et cela nonseulement par les forces supérieures, mais aussi par la stratégie et la conduite supérieures des chefs allemands.

Pendant la bataille de Sedan, le roi de Prusse avait le commandement en chef, et nous donnerons son rapport sur cette bataille, qui est concis et clair.

L'armée avait atteint le soir du 31 août et le matin du 1er septembre les positions désignées entourant tout à fait

Sedan. Les Bavarois appuyaient leur aile gauche à Bazeilles sur la Meuse, à leur droite les Saxons vers Moncelle et Daigny, la garde prussienne en marche vers Givonne, les 5e et 11e corps à Saint-Menges et Fleigneux ; la Meuse formant ici un coude très-prononcé vers le nord, on n'avait posté aucun corps de Saint-Menges jusqu'à Donchery ; mais dans ce dernier endroit se trouvaient les Wurtembergeois, qui couvraient en même temps les derrières contre une sortie de Mézières. La division de cavalerie du comte de Stolberg se trouvait dans la plaine de Donchery, sur l'aile droite des Wurtembergeois ; le reste des Bavarois faisait front contre Sedan.

Malgré un brouillard épais, le combat commença de grand matin près de Bazeilles, et devint peu à peu très-vif ; on dut prendre maison par maison, ce qui dura toute la journée ; la division prussienne Schœler, de la réserve du 4e corps, dut venir appuyer les Bavarois.

Vers huit heures du matin, la grande batterie faisant front contre Sedan ouvrit son feu contre les fortifications et bientôt le combat d'artillerie devint général et dura des heures entières, mais il permit aux Allemands de gagner du terrain.

Des ravins profonds et boisés rendaient l'avancement de l'infanterie très-difficile et favorisaient la défense. Les villages d'Illy et de Floing furent pris et le cercle de fer se rétrécit peu à peu autour de Sedan.

La résistance énergique des Français commença à fléchir, et bientôt on vit des bataillons se retirer en désordre des bois. La cavalerie française fit alors quelques charges sur des bataillons du 5e corps, qui firent bonne contenance et la renvoyèrent trois fois ; la cavalerie française montra beaucoup de bravoure en cette circonstance et le roi Guillaume lui rendit pleinement justice, car posté sur la hauteur à droite de Frenois, il put observer toutes les péripéties de la bataille.

La retraite de l'ennemi dégénéra en pleine fuite à beaucoup d'endroits et tout, infanterie, cavalerie et artillerie se pressa pêle-mêle dans la ville et les environs les plus proches ; malgré cela, rien n'indiquait encore que les Français voulussent se tirer de cette position fâcheuse par une capitulation : on fit donc ouvrir le feu contre la ville même et, au bout de vingt minutes, l'incendie se déclara à plusieurs places ; alors on cessa le bombardement et le roi expédia le lieutenant-colonel d'état-major de Bronsart comme parlementaire pour offrir à l'armée et à la forteresse la capitulation. Il rencontra en route un officier bavarois qui venait annoncer qu'un parlementaire français s'était présenté. Le lieutenant-colonel de Bronsart fut introduit à Sedan et ayant demandé qui était le général en chef, il fut conduit devant l'empereur Napoléon qui voulut lui remettre une lettre pour le roi de Prusse. Lorsque l'empereur le questionna, M. de Bronsart répondit qu'il venait offrir la capitulation ; on l'envoya au général de Wimpffen qui avait reçu le commandement, en remplacement de Mac-Mahon, blessé gravement, et l'empereur fit porter sa lettre au roi de Prusse par son adjudant général Reille. Vers sept heures, ces deux officiers arrivèrent près du roi, Bronsart précéda Reille, et c'est par lui que l'on sut au quartier général que l'empereur se trouvait à Sedan. On peut se figurer aisément l'impression que produisit cette nouvelle. Reille remit la lettre au roi, ajoutant qu'il n'avait pas d'autres ordres.

Le roi de Prusse lui dit, avant d'ouvrir cette lettre, que la première condition était la capitulation de l'armée française, il répondit alors par lettre à l'empereur et lui demanda d'envoyer un officier supérieur chargé de signer cette capitulation. Le roi désigna le baron de Moltke, chef de l'état-major, pour l'armée allemande comme son plénipotentiaire, et le comte de Bismark pour le cas où l'on soulèverait des questions politiques. Le roi n'ayant pas reçu de réponse le matin du 2 septembre au sujet de cette capitulation, il retourna, comme c'était convenu, sur le champ de bataille ; il rencontra en route de Moltke qui vint chercher la ratification du roi et lui annonça en même temps que l'empereur Napoléon s'était rendu à Donchéry demandant une entrevue au roi. Celui-ci désigna un petit château des environs pour la rencontre, qui eut lieu vers une heure et dura un quart d'heure à peu près. Les détails de cette journée ont été racontés à satiété par tous les journaux, il nous semble donc inutile de nous y arrêter davantage, et nous en donnerons plutôt d'autres sur les combats des divers corps qui eurent un résultat si inattendu.

Le 12e corps, les Saxons, commença la bataille contre l'armée de Mac-Mahon, à 5 heures du matin, à Donzy et eut à soutenir pendant 3 à 4 heures les retours offensifs des Français qui furent au commencement excessivements violents ; mais lorsque la garde prussienne parut sur leur flanc gauche, soutenue par une partie du corps bavarois, les Français durent se replier sur Bazeilles et la Moncelle et eurent beaucoup à souffrir de l'artillerie allemande qui couronnait toutes les hauteurs environnantes. Vers midi et demi le prince royal de Prusse les attaqua à Floing et rejoignant bientôt l'armée du prince royal de Saxe à Illy, les Français se trouvèrent cernés complétement. —

Les Bavarois aussi eurent une part très-lourde dans cette bataille, restant seuls pendant des heures entières en face d'un ennemi supérieur. Ils quittèrent Remilly vers 10 heures du soir, le 31 août, pour marcher le long de la Meuse jusqu'au pont du chemin de fer. Leur route se trouvait éclairée par quelques maisons qui brûlaient à Bazeilles, et sur les hauteurs il y avait des centaines de feux de bivouac de l'armée française. Ils restèrent là jusqu'au matin en échelonnant leurs avant-postes de Remilly au pont susdit ; vers 4 heures et demie ils reçurent l'ordre d'avancer vers le pont. Au même moment les premiers coups de feu retentirent à Bazeilles et vers 11 heures ce village n'était pas encore totalement pris. L'infanterie de marine des Français l'occupait et se battit avec une bravoure admirable ; on dut prendre d'assaut maison par maison ; les habitants et même des femmes prirent part à la défense, mais malheureusement toutes les passions étaient déchaînées et entraînèrent les habitants à des cruautés telles envers des blessés abandonnés par les Bavarois dans une de leurs retraites du village, que les soldats exaspérés de voir leurs camarades jetés dans les maisons en feu, retournèrent sur leurs pas, et ne donnèrent plus de quartier ; chaque maison fut incendiée ; le village entier fut consumé par les flammes (1). Vers sept heures

(1) On a beaucoup parlé de Bazeilles dans les journaux ; et si l'on ne peut blâmer les habitants de s'être défendus ou d'avoir aidé leurs soldats, au moins les cruautés commises envers des blessés étaient de trop et justifient en quelque sorte les représailles des troupes allemandes. Toute autre troupe aurait certainement agi de même.

toute la 1re division du 1er corps bavarois se trouvait engagée. La plus grande partie passa les ponts jetés sur la Meuse au-dessus de Bazeilles pour avancer vers la gare du chemin de fer et contre les hauteurs à l'est de ce village. La gare fut bientôt prise, mais alors les batteries de mitrailleuses couronnant les hauteurs, commencèrent leur feu terrible qui exerça des ravages effrayants dans les rangs des Bavarois. Entre 9 et 10 heures plusieurs régiments de la 2e division bavaroise du corps von der Tann entrèrent en ligne. Bazeilles fut pris pas à pas et le combat se continua dans le parc derrière le village où des renforts arrivèrent aux Français. A 10 heures la résistance des Bavarois commença à fléchir ; ils combattaient depuis six heures et avaient fait des efforts inouïs pour se maintenir. A ce moment ils reçurent l'avis que l'armée du prince royal de Saxe approchait et que les premières troupes arriveraient sur le champ de bataille dans une demie heure. En effet vers 11 1/2 heures apparurent le régiment prussien de Magdebourg et le 4e bataillon des chasseurs prussiens avec une batterie. Bientôt après dans de courts intervalles les autres troupes du 4e corps d'armée se succédèrent au champ de bataille et marchèrent vivement à l'attaque des mitrailleuses Les Français ne firent plus longue résistance et vers deux heures on vit leurs masses se retirer en partie vers Sédan et en partie vers la frontière belge.

Au nord de Sedan, près de Givonne et du bois de la Garenne, le combat commença vers 1 heure. Des batteries françaises établies sur la lisière de ce bois, ouvrirent un feu très-nourri contre des colonnes prussiennes, qui avançaient pour prendre la colline au nord-ouest de la

Garenne formant la clef de la position de ce côté ; mais une nouvelle batterie française arriva pour appuyer les autres, et les troupes prussiennes furent forcées de changer de position pour se dérober à ce tir meurtrier des grenades françaises. Peu après, des tirailleurs prussiens apparurent sur la colline de la Garenne, mais furent également contraints à se replier et à chercher des renforts, car les troupes françaises qui avancèrent à leur tour, étaient trop nombreuses. Quelques minutes plus tard, les tirailleurs prussiens revinrent à la charge, plus nombreux cette fois, mais encore plus faibles que les masses françaises en face d'eux. Tout à coup, un régiment de cuirassiers français s'élança au-devant des tirailleurs prussiens, que l'on crut perdus ; mais ils reçurent la cavalerie de pied ferme et lui envoyèrent à 150 pas environ, quelques décharges tellement bien dirigées que les cuirassiers, tournèrent bride en désordre complet. Les Prussiens avancèrent alors à leur tour, l'infanterie française s'élança, mais elle aussi reçut plusieurs décharges, presque à bout portant, qui la mirent en désordre, et la forcèrent de se replier derrière une hauteur.

A une heure et demie un nouveau régiment de cavalerie française, des chasseurs cette fois, renouvela l'attaque contre les lignes prussiennes qui reçurent d'instant en instant de nouveaux renforts ; ils eurent le même sort que les cuirassiers, et l'infanterie prussienne avança de nouveau. Soudain, leur ligne s'ouvre et démasque une batterie de 4, qui avait réussi à gravir les pentes assez rapides de la colline L'infanterie française ne renouvela pas son attaque ; la cavalerie essaya encore une fois une charge, dirigée surtout contre la batterie prussienne ; mais elle se brisa de nouveau contre le calme de l'infanterie. Après cet insuccès, l'infanterie française se retira à Sedan. Dans un instant, toute la hauteur fut garnie de tirailleurs prussiens, et leurs colonnes avancèrent rapidement; une dernière fois la cavalerie française, dont la bravoure en cette circonstance était au-dessus de tout éloge, renouvela l'attaque, mais ce fut en vain.

La bataille et la capitulation de Sedan détruisaient la dernière armée française à peu près régulière; il ne restait plus en campagne que le corps du général Vinoy, envoyé de Paris au secours de Mac-Mahon; il reprit vite la route de Paris, lorsqu'il apprit la bataille de Sedan, en abandonnant un matériel assez important. En dehors des 25,000 hommes, faits prisonniers pendant la bataille, 83,000 hommes et 4,000 officiers déposèrent les armes, suivant la capitulation; 14,000 blessés, 400 canons, dont 70 mitrailleuses, 150 pièces de position de la forteresse, 10,000 chevaux et un matériel énorme tombèrent aux mains des Allemands. Si l'on ajoute à ces chiffres les pertes subies par les Français dans la bataille de Beaumont et les quelques milliers d'hommes passés en Belgique, nous ne resterons pas loin d'un total de 140,000 à 150,000 hommes, comme effectif de l'armée de Mac-Mahon.

Il n'existe pas de rapport officiel sur cette bataille, ce qui est assez naturel, mais une brochure, publiée par un officier de l'état-major général français (on dit même qu'elle émane de l'Empereur), « *Les causes qui ont amené la capitulation de Sedan* » peut en tenir lieu; nous l'avons trouvée assez d'accord avec le rapport allemand.

Il en résulte en outre que le maréchal Mac-Mahon ne

voulait nullement entreprendre cette marche aventureuse du côté de Sedan, et qu'il croyait son armée beaucoup plus utile dans le voisinage de Paris ; *mais le langage de la raison n'était pas compris à Paris : on voulait, à tout prix, donner à l'opinion publique la vaine espérance que le maréchal Bazaine pourrait être secouru,* et le duc de Magenta reçut du conseil des ministres, auquel s'étaient adjoints le conseil privé et les présidents des deux Chambres, l'injonction la plus pressante de marcher dans la direction de Metz. Le 27 août encore, lorsque l'armée française arriva au Chêne populeux et que les corps des généraux de Failly et de Douay se trouvaient aux prises avec les avant-gardes des armées allemandes, le maréchal voulut reprendre la direction de l'ouest pour sauver la seule armée disponible, et donna des ordres en ce sens. mais pendant la nuit il reçut par télégraphe l'injonction formelle de continuer sa marche vers Metz.

Tout ceci prouve bien qu'à Paris on était mal renseigné, et que l'on ne se rendait nullement compte des positions et de l'état des deux armées en présence. Probablement une pareille catastrophe ne serait pas arrivée, si les chefs avaient été plus capables, et surtout plus instruits sur la véritable force des Allemands. Mais si un homme en France avait voulu admettre que l'armée française pouvait être vaincue, et que l'on ne battait pas avec 300,000 Français trois fois autant d'Allemands, il aurait été probablement la risée de tout le monde, sinon envoyé dans une maison de santé. Oui, mais l'artillerie prussienne, c'est elle qui a tout fait ! elle est en effet excellente, et elle a eu sa bonne part dans les victoires, mais il ne faut pas oublier non plus les mitrailleuses, ni les chassepots. On en a parlé beaucoup avant le commencement des hostilités, mais après on n'en a plus tenu compte, et bien à tort, car le chassepot surtout est une arme très-supérieure au fusil à aiguille prussien. La même chose se produit, quant au chiffre des armées en présence; avant l'action, la France menace toujours ses ennemis de centaines de mille soldats; mais après ces chiffres fondent à plaisir, car sans cela on ne pourrait adopter la phrase stéréotypée d'avoir été écrasé sous le nombre, ou en annonçant les *grandes victoires,* d'avoir battu des forces très-supérieures.

La sortie de Bazaine du 31 août et 1er septembre.

L'investissement de la forteresse de Metz par les troupes allemandes, sous les ordres du prince Frédéric-Charles, était terminé dans les derniers jours du mois d'août. Malgré que le cercle d'investissement allait se retrécissant de jour en jour, Bazaine n'avait fait aucune tentative pour rompre ce cercle, et aller à la rencontre de Mac-Mahon, ou gagner la campagne et continuer ses opérations. Au sud du village de Marange et au nord de Feves s'élève une hauteur assez importante, et dont la position avancée, permet une vue très-étendue sur les environs jusque dans la ville et les fortifications de Metz; avec des bonnes lunettes d'approche on pouvait même distinguer les mouvements des troupes.

D'après les avis reçus au quartier général du prince Frédéric-Charles, le 31 août était destiné à une sortie énergique contre les lignes allemandes. Tous les mouvements des troupes françaises allaient vers la rive droite de la Moselle, vers le point le plus faible des lignes d'investissement. Le combat commença dès le matin. Mais les positions des combattants étaient changées, car maintenant c'étaient les Allemands qui occupaient les plus favorables, que les Français durent attaquer, et ils ne purent gagner aucun avantage décisif sur leurs ennemis; le soir du 31 août ceux-ci restaient dans les mêmes positions occupées déjà le matin. Les régiments de la Prusse orientale firent une résistance opiniâtre pendant toute la journée que dura le combat. L'honneur de cette journée revient au 1er corps d'armée, de la Prusse orientale, et à la division de la landwehr, sous les ordres du général Kummer.

D'après l'énergie et les moyens développés par les Français, on devait s'attendre au quartier général allemand à voir renouveler ces essais le lendemain, peut-être même avec plus de force encore. Le prince Frédéric-Charles ordonna donc que le 9e corps d'armée passât la Moselle pour venir renforcer les troupes, fatiguées par cette journée de lutte; le 10e corps dut remplacer le 3e dans ses positions et servir de réserve au besoin.

Les Français n'attendirent pas le matin pour recommencer le combat et se servirent d'une ruse de guerre pour surprendre les avant-postes allemands, ils firent sonner le signal allemand de « reposez armes » et abordèrent les lignes à la baïonnette.

Bientôt les villages de Retonfay, Flanville, Noisseville et Servigny, situés endéans de la ligne d'investissement, furent en leur pouvoir. La prise de Retonfay surtout était nuisible aux Allemands, car si les Français pouvaient s'y maintenir, il était à craindre qu'ils ne réussissent à rompre le cercle d'investissement. Le général de Manteuffel, commandant le 1er corps d'armée, abandonna par conséquent la défensive dans la matinée du 1er septembre et fit une attaque à la baïonnette très-vivement conduite contre Retonfay ; en peu d'heures ses régiments avaient refoulé l'ennemi. Le reste de cette journée fut aussi heureux que le commencement ; Noisseville et Servigny furent repris également. La 28e brigade d'infanterie, de Schmeling, réoccupa Flanville et la 18e division, de Wrangel, exécuta une pointe réussie sur Chieuilles. Plusieurs retours offensifs des Français sur le village de Failly furent repoussés avec succès. Vers quatre heures de l'après-midi, les Allemands étaient de nouveau maîtres de la situation et les Français renvoyés dans la forteresse.

Le général Deligny a publié dans l'*Indépendance* de janvier 1871 un travail sur la capitulation de Metz. Il se plaint que les moyens de passer d'une rive de la Moselle sur l'autre étaient insuffisants, et que l'on aurait dû se servir, à part les ponts de bateaux, des deux ponts de pierre qui relient à Metz les deux rives de la Moselle. Il dit qu'à 3 heures de l'après-midi seulement l'armée française était concentrée sur les lieux du combat ; les corps venus de la rive gauche de la Moselle entraient en ligne à la gauche et derrière ceux campés en permanence sur la rive droite, et qui étaient déjà établis depuis huit heures du matin, sur leurs emplacements de combat. Il raconte alors rapidement la fin de la journée du 31 août qui se termina à 9 heures du soir, par l'occupation d'une partie du village de Servigny, d'où les Français furent délogés dans la nuit. Ensuite il dit ce qui suit sur le combat du 1er septembre :

« Le 1er septembre au point du jour, le feu recommença sur toute la ligne; il fut soutenu de part et d'autre, avec une grande vivacité ; mais nos troupes les plus avancées, ne sachant pas ce qu'elles avaient à faire, ne recevant aucun ordre, ne voyant prendre aucune disposition, soit pour les relever, soit pour les appuyer, se bornèrent à se maintenir dans leurs positions de la nuit; elles demeurèrent, pendant plusieurs heures, sous un feu d'artillerie des plus violents que leur immobilité contribuait à rendre très-meurtrier; puis vers 10 heures, on les vit se retirer, dans le meilleur ordre et toujours en combattant; en arrière d'elles surgirent presque instantanément, huit ou dix lignes de bataille se repliant, elles aussi, avec un ensemble parfait, occupant militairement et successivement toutes les positions intermédiaires ; les obus éclataient par centaines au milieu d'elles sans y occasionner le moindre trouble (?).

» Que signifiait ce mouvement de retraite? Que s'était-il donc passé? Chacun se le demandait. Le général en chef, les commandants de corps s'interrogeaient les uns les autres, mais ils ne le surent jamais d'une manière positive (!!).

» De fait, personne, parait il, n'ordonna la retraite; elle eut lieu parce que les troupes comprirent qu'on ne faisait, ou qu'on ne voulait rien faire de bon et qu'on ne s'occupait pas d'elles ; elles se retirèrent tranquillement, comme d'un commun accord. Tous les officiers de troupe, tous les généraux interrogés, répondirent invariablement : Nous nous sommes retirés, parce que nous avons vu tout le monde se retirer. »

Qui a donné l'ordre de retraite? demande le général Deligny, d'après le rapport allemand, ce sont les Prussiens qui, après un combat de trente heures, avaient fini par rejeter les Français. Ce qui nous étonne encore dans ce récit, quand on le compare au rapport allemand, c'est qu'il dit que le combat ne commença que vers 3 heures de l'après-midi, tandis que les Allemands annoncent qu'il avait commencé dès la matinée du 31 août; ensuite le rapport allemand dit que les Français prirent dans la nuit du 31 août au 1er septembre Retonfay, Flanville, Noisseville et Servigny, et M. Deligny ne parle que de la prise partielle de Servigny dans la soirée du 31 août; il faut croire qu'il n'a pas assisté au combat de cette nuit, ou qu'il était à un autre endroit du champ de bataille; à moins qu'il ne traite cette lutte acharnée de bagatelle ou de détail, car il dit que son récit *est véridique dans son ensemble*; en tous cas il nous semble toujours très-difficile de concilier son récit, d'après lequel aucun officier ni supérieur ni subalterne n'avait compris quelque chose à la retraite, avec le rapport officiel allemand.

Après la capitulation de Sedan les forces allemandes en France montaient encore à 600,000 hommes environ, car les vides causés par les diverses batailles avaient été comblés par la première réserve et par des divisions retirées aux armées destinées à la défense des côtes, devenues disponibles par l'inactivité de la flotte française; qui, du reste, n'aurait rien pu entreprendre de sérieux ayant été privée des troupes de marine, que l'on préférait, ou que l'on était forcé d'employer en France. La moitié des troupes allemandes pouvait de suite entreprendre la marche sur Paris; l'autre moitié restait devant Metz

et Strasbourg et maintenait les communications avec
l'Allemagne. A Paris, quelques jours avant cette capitulation, on vivait encore dans les plus grandes espérances, et le comte de Palikao osa dire aux députés qui le
questionnaient, que si Paris savait les nouvelles qu'il
avait reçues, il illuminerait. La presse gouvernementale
et les cercles plus ou moins officiels étaient d'une outre-
cuidance impossible à décrire ; nous rappelerons seulement l'article de M. Edm. About « *la sainte colère* », dans
lequel règne un langage digne des poissardes de la Halle.
Si nous n'avions pas une trop grande répugnance à co-
pier seulement des expressions pareilles, il serait curieux
de faire voir jusqu'où la vanité blessée peut conduire un
homme faisant partie du *grand monde parisien*. Nous
donnerons, à l'appui de notre opinion, quelques extraits
d'un article sur la presse française pendant la guerre actuelle, qui a paru dans le journal : « *l'Italia militare* » ;
n'ayant pas à notre disposition l'original, nous avons
pris la liberté de citer les passages d'après la traduction
qu'en a publiée « *le Nord* » dans son numéro du 8 janvier
année courante.

« ... Nous nous sentons profondément attristés lorsque
nous sommes forcés de reconnaitre que l'une des principales causes de sa chute (de la France) a été le manque
de modération, *la légèreté, l'égarement aveugle et obstiné
de sa presse*, de cette presse qui répandait autrefois sur
l'Europe tout entière l'éclat de l'esprit français et le feu
de son génie.

« Qu'a fait la presse française dans le conflit actuel ?
Nous voyons les journaux, avant la déclaration de la
guerre, attiser les passions populaires, si bien, que le

gouvernement se vit forcé à prendre les résolutions les plus inconsidérées. Nous les voyons *manquant de toute espèce de tact, accabler l'ennemi de grossières injures* qui au lieu d'exciter dans le peuple français une puissante, une noble colère, versent le poison dans son sein et y étouffent le sentiment de chevalerie militaire qui donne à la lutte entre deux nations le caractère d'un duel entre hommes d'honneur, et non celui d'une querelle entre deux crocheteurs.

» Les journaux s'efforcent de nourrir cette bruyante agitation sous laquelle le véritable enthousiasme, la vraie force s'éteignent, qui fait naître à leur place *cet orgueil qui prend naissance dans le mépris de l'ennemi* (1) *plutôt* que dans le sentiment de sa propre valeur, et qui rend si funeste la première désillusion, la première humiliation.

. . . .

» A ces inconvénients déjà si grands s'en ajoutent de plus sérieux encore, touchant les correspondants de journaux qui suivent les armées en campagne. Autrefois il n'y avait que fort peu de reporters, et c'étaient pour la plupart des officiers entendus et capables, envoyés par les plus grandes gazettes et reçus dans les quartiers généraux. Maintenant, au contraire, il n'existe presque pas de journal, si infime qu'il soit, qui ne prétende envoyer un et quelquefois plusieurs correspondants à la suite des armées.

(1) C'est dans ce mépris de l'ennemi qu'il faut chercher sans doute aussi le manque de respect dû à la parole d'honneur par plusieurs généraux et pas mal d'officiers français, et qui, malgré cet acte *déshonorant*, sont reçus à bras ouverts en France, même par le gouvernement. Ensuite le peu de respect que les soldats français avaient pour les parlementaires et même pour les blessés sans défense.

Ces correspondants étaient autrefois des écrivains — maintenant ce sont des chroniqueurs ; ils étaient historiens — ils sont poètes ; ils étaient compétents dans les affaires de la guerre, aujourd'hui ils ne sont que peintres. Ils arrivent en foule, se glissent avec leur voiture parmi les bagages de l'armée, et de là, *ne voyant rien et sachant fort peu de chose, ils racontent beaucoup et prétendent tout juger ;* assiégeants infatigables du commandement général, chasseurs d'officiers, *échos serviles répétant sans discernement les appréciations et les rumeurs saisies au vol,* partisans quand même de leurs protecteurs, esclaves de l'impression du moment, propagateurs d'informations dangereuses, ils sont, en outre, un aiguillon pour la vanité de ceux qui voudraient une mention élogieuse dans les journaux.

» Ces correspondances sont d'autant plus nuisibles que le public leur attribue une grande autorité par le fait qu'elles ont été écrites sur le théâtre des événements, et parce qu'il suppose que les reporters assistent aux combats, marches et contre-marches, tandis qu'ils n'ont en réalité les renseignements que de seconde ou troisième main. Ils écrivent à la hâte, la carte de correspondance sur les genoux dans une maison de paysan, sous un arbre, dans un fossé, au grondement du canon, puis dans l'excitation du moment ils racontent, ils jugent, ils devinent (et souvent fort mal). »

Il y a certainement quelques exceptions à faire parmi les journaux français, comme pour le journal le *Temps,* le *Journal des Débats* et d'autres, mais ces exceptions sont rares ; pour la plupart le jugement de l'auteur italien frappe juste et ne dit rien de trop.

Lorsque la défaite de Sedan n'était plus niable, le comte de Palikao communiqua la nouvelle au Corps législatif dans la nuit du 3 au 4 septembre, tout en tâchant d'adoucir encore un petit peu l'amère vérité, car il parla de 300,000 ennemis qui avaient fait prisonniers 40,000 hommes ainsi que l'empereur! L'édifice impérial ne résista pas à un coup pareil; avec le chef disparu tout s'écroula et peu de jours après tous les satellites de ce triste règne disparurent de l'horizon. Dans cette même nuit du 3 au 4 septembre, M. Jules Favre proposa la déchéance de l'empereur et de sa dynastie, et le choix d'une commission chargée d'exercer le pouvoir gouvernemental, *et de chasser l'ennemi du pays.* Lorsque le 4 septembre, la république fut proclamée, le nouveau préfet de police, M. de Kératry, dit dans sa proclamation : « La république a pour but, comme en 1792, l'expulsion de l'étranger. » Ceci prouve donc que la république prit, malheureusement pour la France, l'héritage de l'empire, et déclara, elle aussi, la guerre aux Allemands.

On proclama la république à Paris, et dans plusieurs grandes villes, mais était-on bien sûr que cette forme de gouvernement fût sortie d'un plébiscite sur cette question? nous croyons qu'il est plus que probable qu'une assemblée nationale eût fait la paix avec l'Allemagne et se fût prononcée plutôt pour la monarchie; du reste, les élections de ces jours derniers semblent confirmer notre dire. Mais n'importe, république ou non, conclusion de la paix ou non, il fallait convoquer la nation pour qu'elle prît sa décision, et les hommes qui gouvernent actuellement la France ne l'ayant pas fait, n'ont pas respecté la souveraineté de la nation; ils lui ont imposé la volonté de leur parti. Écoutons ce que dit M. Lanfrey, qui n'est certes pas un réactionnaire, dans un article publié dans la *Gazette du Peuple*, de Chambéry :

« Il est inouï, il est sans exemple dans notre siècle, qu'un peuple placé dans les circonstances critiques où nous nous trouvons, n'ait pas été appelé au contrôle et au partage du pouvoir en la personne de ses représentants. Cette thèse irréfutable, appuyée à la fois sur l'histoire, sur la logique et sur les principes les plus élémentaires du droit politique, n'a pas même été discutée. On a trouvé plus commode de nous répondre par des lieux-communs sur des questions étrangères à ce débat ou par de basses insinuations que le mépris public a renvoyées à leurs auteurs.

» On a affecté de réfuter nos opinions supposées sur la paix dont nous n'avions pas dit un seul mot : on a allégué l'inopportunité d'une *Constituante*, comme s'il s'agissait d'une constitution à l'heure qu'il est! Il ne s'agit pas de paix, car cette question ne peut être traitée utilement qu'à Paris; il s'agit bien moins encore d'une constitution, lorsque l'ennemi ravage nos provinces. Il s'agit d'une chose qui est mille fois plus importante que toutes les constitutions du monde; il s'agit de rendre au pays la direction qui lui appartient dans ses propres affaires, de mettre ses élus à même *de rectifier des opérations mal conçues et mal conduites qui le mènent à sa ruine*; il s'agit en un mot de lui permettre de se sauver lui-même.

» Voilà ce que nous avions établi jusqu'à l'évidence ».

Après cette proclamation du gouvernement provisoire, et la circulaire de M. Jules Favre dont nous avons parlé au commencement de notre travail, les Allemands ne pouvaient faire autre chose que reprendre leurs opérations, et marcher sur Paris. Ceci fut bientôt fait, et dès le 19 septembre la capitale était étroitement cernée, tout comme Metz et Strasbourg. Dans tous les journaux, même belges, l'investissement de Paris avait été regardé comme une chose à peu près impossible, à moins d'avoir un million d'hommes disponibles à cet effet. Eh bien, les Allemands ont prouvé que cela pouvait se faire avec 300,000 hommes environ, et même si bien qu'il ne restait aux Parisiens que les ballons et les pigeons comme moyens de communications avec les provinces. Mais avant de suivre les opérations devant Paris et dans ses environs, nous allons voir ce qui s'est passé dans les provinces de l'Est.

Le siége de Strasbourg.

La ville de Strasbourg comptait au commencement du siége environ 82,000 habitants, plus une garnison de 6,000 hommes de ligne avec 600 artilleurs et quelques milliers de gardes mobiles à peine équipés et exercés. Elle est située à une demie-lieue environ du Rhin, et traversée par la rivière de l'Ill. L'enceinte bastionnée, entourée de fossés remplis d'eau, est renforcée à quelques places par des tenailles et enveloppes. Devant le front de l'est, vers le Rhin, se trouve la citadelle formant un pentagone bastionné et dominant la ville. Tous les chemins de fer passent sous les canons de la forteresse et se réunissent au nord-ouest dans la gare centrale, près de la porte de Saverne. Cette gare est défendue par plusieurs grands ouvrages à cornes qui possèdent des casemates à l'abri des bombes. Les fronts du sud et de l'est sont couverts par de grands terrains d'inondation. Strasbourg renferme une fonderie de canons, un arsenal de construction, et un grand magasin du génie. Dans le village de Mutzig, très-proche de la ville se trouve une manufacture d'armes.

Le général de Beyer, ministre de la guerre du grand-duché de Bade, commandait d'abord les troupes badoises qui commencèrent l'investissement de Strasbourg dès le 9 août; ce même jour, on fit sommer le général Uhrich de rendre la ville, ce qui fut naturellement refusé énergiquement. Le général de Beyer étant tombé malade, le commandement des troupes assiégantes fut confié au général prussien de Werder, qui vint compléter, avec le corps d'armée rassemblé autour de Hagenau sous ses ordres, les lignes d'investissement. Les travaux du siége et de l'artillerie se trouvaient sous la direction des généraux du génie Mertens et Colommier, connus par la prise de Düppel dans la campagne contre le Danemark en 1864. Toute l'armée assiégeante comptait au commencement du mois de septembre environ 50,000 hommes. Nous ne décrirons pas les travaux du siége, qui sont toujours assez monotones, et nous nous bornerons à indiquer les journées qui furent marquées par quelque fait d'armes. Le 13 août les troupes badoises livrèrent trois petits combats contre les Français sous les murs de la ville, dans lesquels la victoire resta aux Badois. Le 15 août l'investissement était terminé, et si nous devons croire le récit du siége de Strasbourg par un réfugié strasbourgeois, qui y assistait, les Allemands auraient jeté des bombes sur la ville dans la soirée de ce même jour. Dans ce cas l'accusation des Allemands contre le général Uhrich d'avoir incendié Kehl sans motif, serait mal fondée, car le bombardement de Kehl n'était plus alors qu'une représaille, difficile à justifier pourtant, car Strasbourg est fortifié et Kehl ne l'est pas, exercée par les assiégés pour le bombardement plus général qui eut lieu dans la nuit du 18 au 19 août. Le 16 août la garnison fit une première sortie du côté d'Ostwald, qui ne fut pas heureuse, car elle perdit 3 canons dans cette affaire. Dans la nuit du 23 au 24 août, l'infanterie badoise s'empara de la gare du chemin de fer; le 29, nouvelle sortie infructueuse de la garnison, et dans la nuit qui suivit ce jour les Allemands ouvrirent la première parallèle; deux jours après la deuxième était terminée également. Le 2 et le 10 septembre, la garnison essaya de nouvelles sorties avec aussi peu de succès que précédemment, et le 14, les Allemands ouvrirent la 3e parallèle et couronnèrent le glacis. Le 20 on prit dès l'aube du jour et par surprise la lunette n° 53 et le soir à 11 heures celle portant le n° 52. L'assaut devint imminent, et le général Uhrich après s'être défendu autant que la faible garnison et l'armement défectueux des remparts le permettaient, comprit que ce serait sacrifier inutilement la vie de beaucoup d'hommes, si l'on résistait jusqu'à ce point-là ; la citadelle était en ruines et ne pouvait plus offrir une résistance efficace. Il se décida donc à capituler et le 28 septembre, à 2 heures du matin, l'acte fut signé. Le 30 septembre le général de Werder prit possession de la ville ; par une coïncidence singulière, c'était le même jour qu'il y a 189 ans Louis XIV entrait dans cette ville. 451 officiers et 17,000 hommes environ furent faits prisonniers de guerre, et un immense matériel de guerre tomba aux mains des Allemands. La ville avait souffert beaucoup ; environ 200 habitants furent tués, quelques milliers blessés et un grand nombre se trouvèrent sans abri. Il est vrai que l'Allemagne a ouvert de suite partout des souscriptions en faveur de ces malheureux, mais en tout cas le bombardement de la ville fut de la part des Allemands une faute qu'ils n'auraient pas dû commettre.

Nous avons dit plus haut que la ville fut prise le même jour que Louis XIV y fit son entrée, il y a 189 ans. A ce propos nous nous permettrons de dire ici quelques mots d'une brochure que vient de publier un écrivain français, M. A. Michiels, sur *les droits de la France sur l'Alsace et la Lorraine*. Il veut prouver que ces deux provinces ont été cédées à la France par des traités bien clausulés et que les Allemands n'ont pas le droit de les réclamer aujourd'hui ; sans doute, pour donner plus de poids à ses raisons, il les assaisonne de force politesses à sa façon, politesses qui sont aujourd'hui à l'ordre du jour, quand il s'agit de parler des Allemands. Nous ne croyons pas que les Allemands réclament ces provinces, parce qu'ils ne veulent plus admettre ces traités, mais parce qu'ils se placent à leur tour sur le terrain du principe des nationalités, mis en pratique par les Français ; comme ce principe a été trouvé bon pour eux et les Italiens, il doit être bon pour les Allemands.

De plus, nous ne voyons pas pourquoi il faut crier haro sur les Allemands, parce qu'ils ne veulent plus respecter des traités imposés par la France à l'Allemagne, lorsque celle-ci était épuisée par la guerre de trente ans ; M. Michiels le dit, du reste, dans le chapitre V, p. 38 : que *la France seule restait debout forte et puissante.* Est-ce que la France a toujours respecté les traités ? a-t-elle respecté ceux de 1815 qui sont pourtant beaucoup plus récents ? D'après ces traités, pour ne citer qu'une des infractions, aucun membre de la famille Bonaparte ne pouvait plus monter sur le trône de France, et que fit la République française en 1848 ? Et quelques années plus tard, par son fameux plébiscite, ne se donna-t-elle pas un président Bonaparte pour en faire bientôt un empereur ? La France depuis 50 ans a toujours travaillé à déchirer ces traités, pour lesquels pourtant M. de Talleyrand n'a pas épargné les petits cadeaux aux honnêtes diplomates qui les confectionnèrent.

Eh bien ! ce qui est permis à la France, pourquoi ne serait-il pas permis à l'Allemagne ? Le temps ne nous permet pas de réfuter l'opuscule de M. Michiels, bien que ce soit chose très-facile : nous croyons qu'une réponse plus autorisée ne se fera pas attendre, si toutefois un historien allemand daigne répondre à un pamphlet rempli d'injures grossières. L'auteur nous fait sourire, lorsqu'il veut nous faire croire, p. 35, que le cardinal de Richelieu a soutenu les protestants d'Allemagne dans leur intérêt et pour maintenir la liberté de la conscience, lui, ce prêtre qui avait mis tout en œuvre pour les exterminer en France, Richelieu qui n'avait d'autre but que de briser la puissance de la maison de Habsbourg et du même coup diviser l'Allemagne, *se servait même des protestants* pour arriver à ses fins, suivant la maxime jésuitique que *la fin justifie les moyens.* Plusieurs fois, il laissa même les protestants dans l'embarras en retirant les subsides promis, parce qu'il craignait qu'ils ne devinssent trop puissants.

Non, monsieur Michiels, Richelieu et tous les gouvernements de France jusqu'au dernier, tombé il y a peu de jours, n'ont jamais eu d'autre but que de maintenir l'Allemagne divisée et faible. Vouloir faire accroire le contraire au public, c'est un peu trop hasardé pour ne pas nous servir d'un autre mot, et cela ne prouve qu'une chose, c'est que M. Michiels compte sans doute sur la naïveté du public français en fait de connaissances historiques et autres! Nous pourrions citer encore divers passages d'égale force, mais il nous semble que celui-ci peut suffire. Pourquoi M. Michiels passe-t-il sous silence les fameuses *chambres de réunion*, inventées par Roland de Ravaulx? Cette procédure sembla même au ministre de Louis XIV, Louvois, tellement impossible, qu'il crut l'auteur fou! Mais sur les instances de Ravaulx qui expliqua son système et démontra que Louis XIV pourrait, en le suivant, prendre toute la rive gauche du Rhin, sans même tirer l'épée, la cour de France l'adopta et installa en 1680 les Chambres de réunion de Metz, Brisach et Besançon. D'après cette procédure Louis XIV se fit juge et parti en même temps, et s'empressa bien entendu d'exécuter ses jugements le plus vite possible. Sans doute M. Michiels a trouvé que cela ne cadrerait pas bien avec ses conclusions, et il a jugé plus prudent de n'en pas parler du tout; pourtant il accuse les auteurs allemands de fourberie! Que M. Michiels lise la lettre adressée au « *Times* » par l'historien anglais Th. Carlyle, et il verra qu'il ne faut pas être Allemand pour trouver que les Français ont été depuis des siècles des voisins très-désagréables pour l'Allemagne, et que celle-ci a parfaitement raison de vouloir garantir ses frontières contre des retours de voisins si peu stables dans leurs sentiments.

Nous comprendrions encore la grande indignation de M. Michiels, si l'Allemagne avait provoqué la guerre dans le but de reprendre ces provinces ; mais c'est la France qui attaque l'Allemagne avec la ferme intention de rectifier ses frontières, de venger Sadowa, qui ne la regarde en aucune façon, et l'Allemagne n'aurait pas le droit de revendiquer comme prix des sacrifices que cette guerre, injuste au dernier point, lui a imposés, trois départements qui ont fait partie de l'Allemagne autrefois, quoi qu'en dise M. Michiels, et qui sont encore allemands aujourd'hui !

Nous trouvons là comme toujours l'extrême suffisance et la vanité excessive de la nation française ; elle a le droit de prendre à tous ses voisins ce que bon lui semble, mais elle, elle doit être *une et indivisible !* Avouons qu'elle se fait la part très-large, mais espérons en même temps que cette guerre lui servira de leçon, et lui apprendra qu'elle n'est plus seule maîtresse en Europe ; pour reprendre ce rang, il faut qu'elle comprenne que d'autres qualités sont nécessaires aujourd'hui. Oui, elle a fait la révolution de 1789, mais aussi elle a prouvé trois fois depuis qu'elle n'est pas mûre pour la République, pas plus que M. Gambetta lui-même qui défend la publication de brochures, fait mettre en prison les journalistes et supprime des journaux qui ne sont pas de son avis, tout comme Napoléon !

Que le lecteur nous pardonne cette digression.

Revenons maintenant aux faits de la guerre. Le 25 août Vitry-le-Français se rendit aux troupes allemandes qui y trouvèrent 16 canons et firent 900 prisonniers environ. Le mois de septembre déjà si riche en événements vit encore l'entrée du roi de Prusse à Reims, la capitulation de Laon et celle de Toul. Laon capitula le 9 septembre, mais à peine quelques troupes allemandes avec l'État-major furent entrées en ville que la poudrière sauta, fit un dommage énorme à la ville, tua et blessa une centaine de soldats allemands et trois cents gardes mobiles ; le grand-duc de Mecklembourg fut aussi contusionné. Bien que la ville eût capitulé, cet acte d'un fou furieux sans doute, car on n'a jamais su au juste qui a mis le feu aux poudres, a trouvé quelques journaux pour exalter ce crime et le convertir en patriotisme digne des plus grands éloges ; ce sont sans doute les mêmes journaux qui jettent les hauts cris à la moindre infraction à la discipline d'un soldat allemand. Une enquête fut ordonnée et prouva l'innocence complète du général Théremin, commandant la place ; du reste blessé lui-même il mourut quelque temps après des suites de ses blessures. Il paraît que c'est un garde d'artillerie qui a commis cet acte ignoble !

La ville de Toul se défendit environ trois semaines, mais après un bombardement de huit jours elle dut se rendre le 23 septembre au grand-duc de Mecklembourg ; la garnison forte de 2,300 hommes environ fut faite prisonnière et les Allemands trouvèrent dans la place 197 canons, d'autres armes et des vivres.

Le 15 septembre, une colonne volante d'Allemands, forte de 6,000 hommes environ, sous les ordres du général de Keller, fut détachée du corps d'armée assiégeant Strasbourg, pour pousser une reconnaissance dans le département du Haut-Rhin ; elle traversa Colmar, Mulhouse et Cernay et revint à Strasbourg.

Nous allons retourner à Metz maintenant pour décrire

les événements qui se passèrent autour de cette place jusqu'à sa capitulation.

Metz, du 1ᵉʳ septembre jusqu'à la capitulation.

Depuis le 9 septembre, le prince Frédéric-Charles avait établi son quartier général à Corny, sur la rive droite de la Moselle. Pendant tout ce mois il n'y eut autour de la place que de petits combats d'avant-postes et quelques petites sorties faites dans le but de surprendre des convois de vivres, ce qui prouve qu'à cette époque déjà ils devaient être peu abondants, car sans cela on n'expose pas la vie des soldats pour fourrager. Dans la soirée du 9 septembre les Allemands lancèrent quelques obus sur le camp retranché, mais ce n'est que le 22 et le 23 que les Français firent une sortie plus sérieuse du côté de Peltre, toujours dans le but de se procurer des vivres, car derrière ce village se trouvaient des magasins de l'armée d'investissement, ainsi que des troupeaux de bétail. Les Français sortirent au nombre de 10,000 hommes, accompagnés de plusieurs batteries ; leur attaque fut assez vive et même inattendue. Les Allemands leur opposèrent les régiments nᵒ 13, 15, 53, 55, 74 et le 7ᵉ bataillon de chasseurs qui réussirent à refouler les Français dans la forteresse ; l'artillerie prussienne établie sur les hauteurs entre Mercy-le-Haut et Ars-Laquenecy leur fit éprouver des pertes sensibles par un feu précipité ; pourtant Mercy-le-Haut fut pris d'assaut par eux, puis repris par les Allemands ; les Français en l'abandonnant incendièrent le château. Le but de la sortie fut réalisé du reste en partie, car les Français réussirent à enlever une quarantaine de têtes de bétail ; en outre ils firent prisonniers la plus grande partie d'un peloton de tirailleurs du 55e régiment prussien, qui s'étaient lancés trop en avant. — En même temps les Français dirigèrent une fausse attaque du côté nord, vers Sémecourt sur la rive gauche de la Moselle, où ils furent reçus par les régiments prussiens n° 17, 56 et un bataillon de chasseurs ; le feu du fort Saint-Julien incendia quelques maisons et plusieurs granges, mais dans la soirée les avant-postes allemands avaient repris leur position du matin.

Dans la nuit du 1er au 2 octobre, les Français firent une nouvelle sortie contre Saint-Remy, peu après minuit ; le combat d'avant-postes dura jusqu'à 2 heures et fut interrompu alors jusqu'à 5 heures du matin. Les Français dirigèrent leur attaque simultanément contre Bellevue et Saint-Remy, appuyés par une batterie de mitrailleuses, où se trouvaient des troupes de la landwehr prussienne de la division Kummer. Vers 7 heures du matin, ces troupes réussirent à reprendre Sainte-Agathe, et la résistance des Français commençant à faiblir le combat de l'infanterie cessa tout à fait vers 11 heures, tandis que l'artillerie continua son tir des deux côtés avec quelques intervalles plus ou moins longs, jusqu'à la nuit ; en ce moment Saint-Remy et Franclochamps commencèrent à brûler. Dans cette journée, la landwehr allemande avait à combattre des forces supérieures ; elle maintint pourtant ses positions, sauf les postes avancés de Landonchamps et Sainte-Agathe pendant quelques heures ; ce dernier endroit avait même été évacué avant l'attaque.

Jusqu'au 7 octobre on resta tranquille de part et d'autre,

mais ce jour vers 1 heure 20 minutes de l'après-midi, de fortes colonnes françaises avancèrent contre les avant-postes de la division Kummer, établis à Bellevue, Saint-Remy, les Grands-Tapes et les Petites-Tapes; de fortes réserves d'infanterie, accompagnées de deux ou trois batteries, suivaient ces colonnes jusqu'au delà de Maison-Rouge. Vers trois heures, les avant-postes allemands durent abandonner les divers endroits après un combat opiniâtre; mais les batteries allemandes soutinrent un feu efficace contre les colonnes françaises et l'on remarqua sur quelques points des mouvements rétrogrades. Vers quatre heures alors, le général de Voigts-Rhetz, commandant le 10e corps prussien, reprit l'offensive; la 9e brigade d'infanterie prit le bois de Woippy occupé par les Français, ainsi que quelques autres parcelles de bois au nord du premier et une ferme à l'ouest de Bellevue; cette attaque eut lieu en même temps que la reprise de l'offensive sur le front des Français contre Bellevue, Saint-Remy, les Tapes et Franclochamps; tous ces villages étaient repris vers la soirée. Quelques retours offensifs des Français furent refoulés, mais l'attaque sur Landonchamps, fortement occupé par eux, ne put être reprise; du reste, cet endroit forme presque une forteresse à cause des fossés qui l'entourent. En même temps que l'attaque contre la division Kummer, les Français développèrent deux batteries et de l'infanterie contre Malroy et Charly, mais ce n'était qu'une fausse attaque qui ne fut pas poursuivie lorsque la batterie de position du 10e corps allemand eut forcé les batteries françaises à se retirer.

Contre le front du 1er corps prussien, les Français firent également une démonstration près de Villers-l'Orme, à

deux heures de l'après-midi ; plus tard le combat de tirailleurs devint ici assez sérieux ; mais les Allemands
pour arrêter le mouvement de l'infanterie française deve-
loppèrent entre les villages de Montoy et de Failly une
dizaine de batteries, et le 7e corps qui avait pris position,
prit également part au combat par quatre de ses batteries
placées à Montoy ; sous ce feu écrasant les Français ne
purent tenir et, vers six heures et demi, le combat
cessa de ce côté. Les pertes des Allemands montaient à
1,730 hommes hors de combat, dont 65 officiers.

Les forces françaises, évaluées à 20,000 hommes environ sur la rive gauche de la Moselle, parmi lesquelles des
troupes de la garde impériale, doivent avoir subi des
pertes plus fortes. Le but de cette sortie était sans doute
d'élargir la ligne des avant-postes et de fourrager encore,
car environ 400 voitures avaient suivi les troupes hors
des ouvrages de la forteresse ; mais ce but ne fut pas
atteint, en effet le terrain conquis d'abord fut bientôt repris aux Français par le retour offensif très-énergique des
Allemands.

Après ces essais malheureux pour rompre la ligne d'investissement, Bazaine ne fit plus de nouvelles tentatives,
mais il envoya dès le 13 octobre un officier supérieur, le
général Boyer, au quartier général allemand pour traiter
de la capitulation. Ces pourparlers traînèrent quelques
jours, car on dut envoyer le général Boyer à Versailles,
parce que Bazaine voulait faire excepter la forteresse de
cette capitulation. Naturellement le roi Guillaume n'accepta point cette distinction et le général français, ne
possédant pas d'autres instructions, dut retourner à Metz
le 15 octobre. Quelques jours plus tard, le 21, les vivres

commençant à devenir plus rares, le général Coffinières voulut les réserver pour la garnison de la forteresse sous son commandement; il y eut des tiraillements entre les diverses autorités en présence, et le 26 on se décida à reprendre les pourparlers de la capitulation, qui se signa en effet dans la première heure (minuit et dix-huit minutes) du 28 octobre, aux mêmes conditions que celle de Sedan. Trois maréchaux, 50 généraux, 6,000 officiers, 173,000 soldats, dont 20,000 blessés et malades, 53 drapeaux, 66 mitrailleuses, 541 pièces d'artillerie de campagne, 800 pièces de position, ainsi qu'une énorme quantité de matériel, tombèrent aux mains des Allemands. Le 29 les troupes prussiennes prirent possession de la forteresse et des forts; le général de Zastrow, commandant le 7e corps prussien, fut nommé provisoirement gouverneur de Metz, et le lieutenant général de Kummer commandant de la place; peu après le lieutenant général de Lœwenfeld fut appelé de l'Allemagne pour prendre en mains le gouvernement.

Nous supposons le lecteur au courant de la discussion assez violente qui s'est élevée dans les journaux et dans bon nombre de brochures, au sujet de cette capitulation que l'on traite presque unanimement de trahison. Nous n'avons vu qu'une lettre du feld-maréchal anglais, sir J. F. Burgoyne, citée par le journal *le Nord*, dans son numéro du 24 novembre 1870 et l'opinion émise, suivant une correspondance de l'*Indépendance*, par le général Changarnier, qui rejettent cette idée. Il nous semble difficile de se prononcer définitivement sur cette affaire, surtout parce que les Français sont toujours disposés à crier *trahison*, dès que la fortune ne leur sourit pas, et nous ne voulons citer comme preuve de cette manie que les destitutions décrétées par M. Gambetta et les accusations lancées maintenant contre le général Trochu ou ses officiers, auxquelles celui-ci s'est cru obligé de répondre par une proclamation reproduite dans l'*Indépendance* du 21 janvier 1871. Il est probable qu'une armée comme celle de Bazaine aurait pu se frayer un chemin à travers l'ennemi, qui n'était guère plus fort qu'elle, et de plus disséminé sur une ligne assez longue. Pourtant au prix de quels sacrifices aurait dû être achetée cette sortie ? et l'ennemi ne serait pas resté inactif; il aurait certainement poursuivi énergiquement les corps parvenus à traverser ses lignes, et l'on sait que les Allemands sont d'assez bons marcheurs; de plus l'armée sortie aurait trouvé difficilement à s'approvisionner dans la campagne épuisée déjà de réquisitions continuelles. On a dit que cette sortie si elle avait réussi, aurait empêché le prince Frédéric-Charles d'arriver à temps sur la Loire; mais là nous croyons que l'on ne tient pas assez compte du temps. Cette sortie, pour réussir, aurait dû se faire au plus tard dans le commencement de septembre; dans ce cas les Allemands, n'ayant plus besoin de toute leur armée devant Metz pouvaient donc toujours être sur la Loire ou devant Paris au moment voulu, attendu que l'armée française de la Loire n'a pu prendre l'offensive que dans les premiers jours de novembre.

Nous croyons que l'accusation de trahison a été formulée un peu trop légèrement et que l'on aurait mieux fait d'attendre un moment plus calme pour soulever une discussion pareille qui exerce toujours une influence déprimante sur l'opinion du pays.

Avant de suivre l'armée du prince Frédéric-Charles, nommé maréchal par suite de la capitulation de Metz, nous avons à relater la prise de quelques places fortes ; nous commencerons par :

Verdun.

Cette forteresse, située sur la rive droite de la Meuse, domine la route de Paris vers les Argonnes en commandant le défilé des Grandes-Islettes ; le chemin de fer qui devait relier Châlons et Metz n'était terminé au commencement des hostilités que jusqu'à Clermont, à quelques lieues à l'ouest de Verdun. La prise de cette place était importante en ce sens que c'était le dernier point qu'occupaient encore les Français entre la Moselle et Paris ; et qu'elle pouvait fournir des canons de gros calibre pour l'investissement de Paris. Elle fut cernée le 25 septembre, mais le siége ne put commencer que le 13 octobre. Dans la quinzaine du 25 septembre au 13 octobre, on se borna à couper les communications, à préparer l'emplacement des batteries et à repousser quelques sorties qu'essaya la garnison avec plus ou moins de succès. Pour pouvoir commencer la construction des batteries, il fallut d'abord enlever les villages entourant cette place, ce qui fut fait dans la nuit du 11 au 12 octobre, la nuit suivante on commença les batteries. La capitulation de Metz exerça ici aussi son influence, car on pouvait renforcer le corps d'investissement et lui envoyer des pièces de gros calibre qui étaient nécessaires pour ouvrir le feu. Dans les derniers jours d'octobre les assiégés firent quelques nouvelles sorties, dans l'une d'elles ils parvinrent à enclouer quelques batteries, mais trop précipitamment, de sorte que les Allemands purent les remettre en état dans la même journée. Le 8 novembre la place dut capituler. On y fit prisonniers 5 généraux, 11 officiers d'état-major, 150 autres officiers et environ 4,000 hommes; de plus on y prit 136 canons, 23,000 fusils ainsi qu'une grande quantité d'autre matériel de guerre. Il paraît que, suivant la capitulation, ce matériel doit revenir à la France après la paix, parce que la garnison voyant que la résistance devenait à peu près inutile ne la poussa pas jusqu'à outrance! Exemple que Paris devrait bien imiter dans son propre intérêt

Thionville.

Cette forteresse, située près de la frontière du Luxembourg, était observée depuis le 21 août par les troupes prussiennes; mais ce corps n'était pas assez fort pour empêcher l'approvisionnement de la place. Le 13 novembre seulement, après la capitulation de Metz, on la cerna plus étroitement, et le bombardement commença le 22 novembre. La 14e division du 7e corps d'armée, sous les ordres du général de Kamecke, fut chargée de l'investissement; vers le 19 novembre commença la construction des batteries de siége, et trois jours après on les garnit des pièces; il y avait en tout 16 batteries comprenant 85 canons. Dans la nuit du 21 au 22 les villages environnants furent occupés, on exécuta quelques travaux d'approchement et le bombardement eut lieu; il ne dura que deux jours; le 25 la place dut capituler, on y prit 200 canons et plus de 4,000 prisonniers.

Soissons.

Cette place, sur la rive gauche de l'Aisne, renferme environ 12,000 habitants ; elle domine plusieurs chemins de fer, et sa prise était importante pour les Allemands parce qu'elle leur livrait le chemin de fer allant de Reims vers Paris par Villers-Cotterets, Crépy-en-Valois et Nanteuil ; de plus la ville est le point central de plusieurs routes assez importantes.

Bien que comme forteresse elle compte parmi les places de première classe, elle dut capituler après un bombardement de quatre jours ; elle se défendit opiniâtrement, mais ne put résister à l'artillerie allemande. On y fit prisonniers 99 officiers et 4,633 soldats, 128 canons avec une grande partie de munitions, d'effets, de vivres et une caisse contenant 92,000 francs.

Quant aux autres places fortes du Nord aucune n'a pu résister longtemps au feu de l'artillerie prussienne. Nous en parlerons plus tard et nous allons suivre maintenant les opérations qui eurent lieu dans l'Ouest de la France et notamment sur la Loire. Quant à Paris, nous lui consacrerons un chapitre spécial pour ne pas couper ce récit en plusieurs parties

La campagne sur la Loire.

Les journaux français avaient parlé depuis longtemps de la formidable armée de la Loire, mais une semaine après l'autre se passa sans que cette armée donnât signe de vie. Les Allemands avaient donc fini par croire que ce n'était qu'une fable inventée pour les effrayer; mais comme ils n'ont pas l'habitude de se fier au hasard, le prince royal de Prusse avait détaché une partie de son armée, un corps mixte, composé de Bavarois et de Prussiens, pour opérer du côté d'Orléans et se procurer des renseignements exacts sur cette armée de la Loire. Le général bavarois von der Tann, commandant ce corps, se mit en route, et le 6 octobre il rencontra à Toury près d'Étampes, des avant-gardes françaises qu'il refoula sans peine. Le corps allemand se composait de 13 bataillons du 1er corps bavarois et de 17 bataillons du 7e corps prussien, avec 120 canons et deux divisions de cavalerie, en tout environ 36,000 hommes, en supposant que l'effectif des troupes ait été au complet. L'armée française était forte de 40,000 hommes environ et 7 batteries, soit 40 à 50 canons. D'après le rapport du général Reyan qui commandait l'avant-garde française dans le combat de Toury, l'avantage lui serait resté et les Allemands se seraient retirés avec précipitation, de sorte qu'il put leur prendre un troupeau de bétail composé de 147 vaches et 52 moutons. Il dit pourtant avoir arrêté le mouvement en avant de sa troupe et s'être porté en arrière sur Toury. Le général von der Tann continua malgré cette victoire française sa marche en avant sur Orléans et rencontra le 10 de nouveau les troupes françaises, la 2e division, près d'Artenay; il les refoula dans la forêt d'Orléans et leur prit 3 canons et 2,000 prisonniers; les pertes des Allemands étaient insignifiantes, car d'après leur rapport, ils n'auraient perdu dans ce combat que 110 hommes.

Le même jour, la division de cavalerie du général de Rheinbaben chassa 4,000 gardes mobiles près de Cherisy au delà de l'Eure et leur infligea des pertes sensibles. Les troupes de von der Tann, continuant le 11 octobre leur marche sur Orléans, rencontrèrent dans la matinée même les avant-postes français et l'on découvrit bientôt derrière eux le gros des forces françaises retranchées entre la forêt d'Orléans et cette ville, où elles attendaient l'attaque des Allemands ; les Français gardaient le pont sur la Loire près d'Orléans et s'étendaient à droite jusqu'à Beaume. A dix heures les troupes allemandes s'étaient assez approchées pour ouvrir le feu de l'infanterie; mais les Français bien abrités derrière leurs retranchements et dans les vignes, commandés par le général La Motte-Rouge, firent une bonne résistance jusqu'à 5 heures de l'après-midi, mais alors ils se retirèrent sur Orléans. La poursuite des Allemands fut lente à cause du terrain; la ville d'Orléans se rendit dès que les premières grenades commencèrent à l'atteindre. La gare du chemin de fer et le pont sur la Loire furent occupés de suite, la ville seulement à 8 heures du soir; les Français avaient miné le pont, mais n'eurent pas le temps de le faire sauter; ils se retirèrent sur la rive gauche de la Loire et abandonnèrent entre les mains des Allemands environ 7,000 prisonniers et plus de 3.000 blessés qu'ils laissèrent sur le champ de bataille. Parmi les troupes françaises assistant à cette bataille se trouvait le corps des zouaves pontificaux, revenu de Rome depuis peu ; il se battit avec une grande bravoure et avec une telle opiniâtreté qu'il fut presque complétement détruit; les troupes de ligne lâchèrent pied aux premiers coups de feu, les mobiles firent une résistance beaucoup plus courageuse. Les pertes des Allemands furent relativement faibles, ils n'eurent que 800 hommes hors de combat; cette grande disproportion s'explique par l'artillerie beaucoup plus nombreuse des Allemands, bien que dans cette affaire les Allemands avouent que l'artillerie française était mieux servie que d'habitude, mais elle ne put tenir contre le feu écrasant de plus de 80 pièces que les Allemands mirent en ligne. La ville d'Orléans, comme point stratégique, est assez importante, parce que près d'elle se rencontrent les chemins de fer de Nantes, Bordeaux, Toulouse, ainsi que le chemin de fer du Centre; ce dernier relie, par Bourges, Lyon à Paris, et Orléans étant en relation avec Cherbourg et Brest, l'occupation par les Allemands coupa presque toutes les communications du Midi et du Centre avec le Nord.

Le 18 octobre la 22e division prussienne détachée du corps von der Tann attaqua un corps français de 4,000 hommes environ qui s'étaient retranchés dans Châteaudun; la ville dut être incendiée pour la faire abandonner par les troupes françaises, qui se défendirent très-bien; le combat dura presque toute la journée et ce n'est que le 19 à 3 heures du matin, que les Allemands y entrèrent. La ville entière était détruite, car une tempête qui régnait ce jour-là avait propagé le feu avec une rapidité effrayante; à peine put-on trouver quelques maisons pour loger l'état-major des troupes. Les Français avaient encore abandonné tous leurs blessés, et beaucoup de ces malheureux qui s'étaient cachés dans les maisons périrent par le feu.

Le 20 les Allemands continuèrent leur marche en avant

et, après quelques escarmouches avec des francs tireurs,
occupèrent Vitry où le quartier général s'arrêta ; les
avant-gardes poussèrent jusqu'à Saint-Loup ; la 4e division de cavalerie s'établit à Metlay-le-Vidame. Le 21 on
marcha sur Chartres et comme on savait que la ville était
occupée assez fortement, le général de Wittich, commandant la division, prit les dispositions suivantes : la brigade de cavalerie Hontheim passera l'Eure près de Thi-
vars pour couvrir le flanc gauche de l'infanterie. Une
compagnie de pionniers (sapeurs) interceptera le chemin
de fer près du pont établi à Aurilly. L'infanterie suivra
la grande route sur Chartres. Lorsque l'avant-garde eut
passé le village de Morancez, elle fut reçue par une fusillade partant de quelques fermes et des hameaux de Le
Coudray et Gellainville ; mais l'ennemi ne résista plus dès
qu'il se vit attaqué par deux bataillons. Pour commencer
l'action contre la ville de Chartres, le général fit établir l'artillerie en demi-cercle au sud-est de la ville, en
appuyant sa gauche sur Le Coudray ; une batterie de 12
bavaroise servit de réserve. Lorsque l'artillerie eut pris
ses positions, le curé de Morancez se fit présenter au général Wittich et offrit de se rendre à Chartres pour décider la municipalité à abandonner la résistance. Le général accepta et accorda une trêve jusqu'à une heure de
l'après-midi ; cette heure passée, le bombardement devait
avoir lieu. Entre-temps la brigade de cavalerie Hontheim
avait rencontré devant le village de Luisanc trois bataillons de mobiles qui se retirèrent dans les bois et fournirent de là un feu assez violent, mais quelques grenades
lancées dans ces bois les firent bientôt déguerpir ; ils se
retirèrent dans la ville ; dans cette retraite précipitée

l'artillerie leur fit subir des pertes très-sensibles. Vers une heure on avait reussi à porter une autre batterie à gauche sur les hauteurs d'Aurilly; heureusement pour la ville que dans le conseil municipal la prudence l'emporta; on vit que le bombardement de la ville causerait des dommages irréparables, d'autant plus que la belle cathédrale, à cause de sa position très-élevée, aurait difficilement pu être ménagée. La municipalité se trouva donc à l'heure indiquée au rendez-vous à Morancez et signa à 5 heures la capitulation dont la teneur était assez douce, car elle permit à la moitié de la garnison de se retirer librement. 2,000 gardes mobiles furent désarmés. Les Allemands restèrent le 22 et le 23 dans la ville et marchèrent de là sur Dreux où ils entrèrent le 25 octobre; quelques compagnies de mobiles essayèrent de faire résistance, mais se replièrent aussitôt qu'ils reconnurent les forces supérieures des Allemands; ceux-ci poussèrent leurs avant-gardes au delà de Dreux, jusqu'à Saint-Remy-sur-Avre, dans la direction de Nonancourt. Le général von der Tann était resté à Orléans et suivant ses instructions se contentait d'observer les environs dans la direction de Blois et de Bourges; il gardait par la cavalerie ses communications avec la 22ᵉ division prussienne détachée de son corps pour aller occuper Chartres et Dreux. Il est vrai que les Allemands, après le combat d'Artenay et la prise d'Orléans, crurent avoir refoulé toute l'armée de la Loire, mais quelques jours plus tard ils durent s'apercevoir qu'ils n'avaient eu affaire qu'à l'avant-garde de cette armée, qui arrêta son mouvement en avant sur la nouvelle de la capitulation de Metz. Elle reprit pourtant bientôt sa marche sur Orléans et, le 8, elle passa la Loire à

Beaugency; le général von der Tann averti quitta Orléans et marcha au-devant de l'ennemi pour le forcer à développer ses forces et pour les reconnaître; voyant qu'il avait devant lui une armée trop supérieure en nombre pour pouvoir l'arrêter, il se retira, en combattant toute la journée, jusqu'à Saint-Peravy d'abord, où l'armée française le poursuivit; le jour suivant il continua sa retraite jusqu'à Toury sans être suivi; là il rencontra la 22e division prussienne qui revenait de Chartres, ainsi que la division de cavalerie du prince Albert de Prusse, et le 11 le duc de Mecklembourg le rejoignit également avec la 17e division. De cette façon les forces allemandes s'élevaient à environ 45,000 hommes dont le duc de Mecklembourg, comme le général le plus ancien en grade, prit le commandement. L'armée de la Loire a été évaluée par les feuilles gouvernementales de Tours à environ 130,000 hommes; les journaux de Lyon parlaient d'un chiffre plus élevé encore; d'après les correspondants allemands on pensait avoir eu affaire à 60 ou 80,000 hommes le jour de Coulommiers, avec 120 à 130 canons. Dans son ordre du jour le général Aurelles dit avoir *pris* toutes les positions de l'ennemi, ce qui, en tout cas, n'est pas tout à fait exact, puisque l'armée bavaroise se retirait, prévoyant qu'elle ne pourrait faire une résistance utile. Le gouvernement de Tours publia des nouvelles qui exagéraient encore davantage ce mince succès; voici le texte: « L'armée de la Loire, sous le commandement du général Aurelles de Paladines, s'est emparé hier d'Orléans, après une lutte de deux jours. Nos pertes en tués et blessés n'atteignent pas 2,000 hommes; celles de l'ennemi sont plus considérables. Nous avons fait plus d'un millier de prisonniers. Leur nombre s'est augmenté par la poursuite. Nous avons pris deux canons, modèle prussien, plus de 20 caissons, chargés de munitions et attelés, et une grande quantité de fourgons et de voitures d'approvisionnements. La principale action a été concentrée autour de Coulommiers dans la journée du 9. L'élan des troupes a été remarquable malgré le mauvais temps. » Malgré ce bulletin optimiste le général d'Aurelles ne dut pas y croire lui-même, car il resta inactif jusqu'au 14 ; ce qui aurait été une grave faute s'il avait eu la victoire, car dans ce cas on la poursuit, la victoire, et on en profite autant que possible ; chose d'autant plus nécessaire pour lui dans ce moment qu'il voulait délivrer Paris.

D'après les rapports allemands les pertes s'élevaient à 42 officiers et 667 soldats, tués ou blessés. On ne dit rien des prisonniers ; mais il est probable que dans le chiffre de 1,000 donné par les Français, ils ont compté les 7 ou 800 blessés et malades que les Allemands durent abandonner dans les hôpitaux d'Orléans, en en rendant la ville responsable. Quant aux deux canons (1) et aux caissons de munitions, les Allemands disent qu'ils se sont trompés de route et sont tombés ainsi entre les mains de l'ennemi ; quelques journaux se sont moqués de cette phrase, sans réfléchir sans doute que pareille chose est arrivée plus d'une fois même aux officiers français qui ne connaissant que très-imparfaitement leur propre pays, se sont trompés de route ; il nous semble que ceci est bien plus fort,

---

(1) D'après un correspondant de la *Gazette de Cologne*, ces deux canons ont été repris par deux escadrons de la cavalerie bavaroise avant même qu'ils fussent arrivés à Orléans ; le journal ajoute qu'il garantit l'authenticité du fait.

et qu'il ne faut pas faire gorges chaudes, si un officier *allemand* commet cette faute en France ; de plus ce fait eut lieu le 10 vers midi, lorsque la poursuite de la part des Français avait déjà cessé. La ville d'Orléans n'a pas même été disputée aux troupes françaises, il était donc facile de s'en emparer.

Comme nous avons cité la proclamation du gouvernement français au sujet de la réoccupation d'Orléans, nous allons faire suivre ici le rapport officiel allemand.

« Le général von der Tann avait été averti par les avant-postes et les éclaireurs que l'ennemi avait occupé le terrain de Mer jusqu'à Morée et surtout la forêt de Marchenoir, par des gardes mobiles et des francs tireurs, qu'une brigade d'avant-garde s'était avancée jusqu'à Mer sur les deux rives de la Loire. Les reconnaissances de cavalerie et les nouvelles apportées par les espions étaient d'accord pour annoncer la marche en avant de l'armée de la Loire par Coulmiers von der Tann laissa donc un seul régiment à Orléans pour garder les blessés et les malades dans les hôpitaux, et quitta la ville avec le reste de son corps dans la direction de l'ouest, le 8 novembre au soir ; il concentra son corps dans la position entre Coulmiers et Huisseau. Les reconnaissances de cavalerie rencontrèrent, le 9 à 7 heures du matin, l'ennemi au delà de Coulmiers, qui arrivait, d'après le dire de quelques prisonniers, de Vendôme et de Morée. C'étaient les têtes des colonnes sous les ordres du général Polhès, de l'armée de la Loire, forte d'environ 60,000 hommes.

» L'ennemi attaqua la position des Bavarois avec 7 bataillons d'infanterie, chacun de six compagnies composés entièrement de troupes de ligne, et appuyés par de nombreuses colonnes ; 7 régiments de cavalerie couvraient les ailes de l'attaque, 120 pièces d'artillerie furent mises en ligne successivement par les Français. Le corps bavarois comptant tout au plus 20,000 hommes dans cette position, soutint l'attaque avec une grande bravoure, malgré la grande supériorité numérique de l'ennemi, et arrêta pour quelque temps sa marche en avant. Quatre attaques contre l'aile droite des Bavarois furent repoussées chaque fois avec des pertes sensibles ; ceci permit au général von der Tann de tenir jusqu'au soir ; ce n'est qu'à la nuit tombante, lorsque les colonnes d'attaque des Français s'étaient repliées, que le général ordonna la retraite sur Saint-Péravy pour se rapprocher des renforts qu'on lui amenait ; la retraite se fit en ordre parfait et avec la conscience d'avoir brisé l'attaque de l'ennemi malgré des forces très-inférieures et d'avoir entrepris la retraite sans y être forcé. L'ennemi ne poursuivit point le corps bavarois, mais il alla occuper Orléans le même soir, où les Bavarois durent abandonner dans les hôpitaux environ mille blessés et malades.

» Le 10 la retraite fut continuée jusqu'à Toury où l'on trouva les troupes prussiennes qui arrivaient au secours du corps bavarois. Le commandement en chef passa alors aux mains du grand-duc de Mecklembourg-Schwerin.

» La perte du corps bavarois dans la journée du 9, monte à 42 officiers et 650 hommes tués et blessés ; une colonne de munitions, qui s'était trompée de route, tomba entre les mains de l'ennemi dans la journée du 10 et 81 hommes furent faits prisonniers dans cette occasion.

Un rapport français intercepté indique les pertes des Français comme montant à 2,000 hommes environ. Ils avouent qu'ils n'ont pu avancer au centre, et que sur l'aile gauche ils ont même dû se replier. De plus ils se plaignent du manque d'approvisionnements pour les soldats et du manque de soins pour les blessés. Si ce rapport mentionne 1,000 prisonniers, il ne peut parler que des blessés et des malades restés à Orléans. »

Après avoir établi le 10 ses communications avec le corps du général von der Tann, le quartier général du grand-duc de Mecklembourg resta d'abord à Dourdan, à l'ouest de la route d'Arpajon à Étampes, qui forme la principale route vers Orléans. Le 11 le quartier général fut porté à Angerville ; on crut ce jour-là à la reprise de l'offensive par les Français cantonnés à Artenay. Le corps bavarois était concentré autour de Toury, prêt à reprendre à son tour l'offensive. Comme cette attaque des Français n'eut pas lieu, le grand-duc se rendit, après une reconnaissance, à Toury pour conférer avec von der Tann sur les dispositions à prendre ; ce dernier avait justement reçu l'avis que l'ennemi débouchait d'Artenay en plusieurs colonnes. On reconnut bientôt que ce n'était qu'une fausse attaque destinée à détourner l'attention d'un mouvement plus important contre Chartres et Nogent-le-Rotrou, entrepris sans doute dans le but de recueillir les divers détachements de mobiles envoyés de la Bretagne sur Dreux. Le quartier général du grand-duc décida donc que le général von der Tann prendrait position sur la route de Chartres entre Epernon et Galardon. Une partie du 1er corps bavarois, appuyée par plusieurs batteries et de la cavalerie, en tout 5,000 hommes environ, fut concentrée entre Chartres et Gas, ce qui établissait une communication plus étroite avec la 22e division prussienne, sous le général de Wittich; cette division avait ordre dans le cas d'une attaque de se maintenir à Chartres à tout prix. Le grand-duc qui se trouvait le 15 à Auneau à l'ouest d'Etampes suivit les Français avec la 17e division et envoya l'avis à Versailles qu'il attaquerait l'ennemi le 17 novembre.

Entre-temps la 2e armée, celle de Metz sous les ordres du prince Frédéric-Charles, avait pressé sa marche. Le quartier général du prince se trouvait le 10 à Troyes, le 18 à Cherry, le 19 à Nemours, le 20 à Puisseaux et le 21 à Pithiviers, où il resta quelques jours pour attendre la concentration de son armée. La tête du 9e corps fut signalée ce jour-là dans les environs de Melun et de Fontainebleau; le 10e corps arriva le 16 à Tonnerre, et marcha le 17 sur Saint-Florentin, et le 18 sur Joigny. Les patrouilles de ce corps eurent dans la nuit du 15 au 16 une rencontre à Chablis avec un petit corps français de 300 hommes environ établi dans cet endroit; la patrouille, 16 dragons, se replia, mais le lendemain 17 on y envoya un bataillon du 16e régiment avec de la cavalerie et 4 canons; dans sa marche en avant de Chablis sur Saint-Florentin, cette petite troupe fut attaquée par des corps francs, qu'elle repoussa avec des pertes sensibles.

Revenons au corps du grand-duc de Mecklembourg; le 17 le général de Treskow commandant temporairement la 17e division attaqua avec une partie de celle-ci dans les environs de Dreux 6 à 7,000 gardes mobiles qui abandonnèrent 60 morts et beaucoup de blessés; les Allemands n'avaient que trois morts et 35 blessés. Le 18 le grand-duc rencontra près de Châteauneuf un corps français qu'il obligea à la retraite en lui faisant quelques centaines de prisonniers ; les Français avaient en outre environ 300 hommes hors de combat ; les pertes des Allemands étaient d'une centaine d'hommes, dont un officier.

Le 21, les Allemands livrèrent quelques petits combats heureux au sud de La Loupe, et le 22, ils entrèrent à Nogent-le-Rotrou sans rencontrer de résistance. Dans tous ces combats les Allemands n'avaient pas eu affaire à l'armée de la Loire, comme ils croyaient d'abord, mais à l'armée de l'Ouest, formée en Normandie et en Bretagne, sous les ordres de M. de Kératry ; on l'évaluait à environ 60,000 hommes. L'armée de la Loire était restée dans ses positions entre Orléans et Châteaudun.

Le prince Frédéric-Charles accorda à son armée un jour de repos le 19, car elle avait fait depuis trois jours consécutifs des marches très-pénibles. Le 20 elle marcha sur Courtenay et le 21 elle arriva dans les environs de Montargis, sans rencontrer l'ennemi en force ; le 23 elle atteignit Beaune-la-Rolande, et le jour suivant elle y fut attaquée, suivant une lettre du général prussien de Voigts-Rhetz, commandant le 10ᵉ corps, par trois divisions françaises, parmi lesquelles se trouvèrent les troupes du général Michel qui avaient été conduites d'Autun par chemin de fer jusqu'à Gien sur la Loire, et de là vinrent attaquer ce corps. Le 23, la brigade prussienne du général de Wedell prit position à Beaune-la-Rolande, appuyée par six escadrons de cavalerie. Le 24, les brigades Lehmann et Valentini, cette dernière avec l'artillerie du corps, marchèrent par deux routes, de Montargis par Ladon et Corbeilles égalementment sur Beaune-la-Rolande, où le corps devait se réunir. Les Français réunissant les trois armes, débouchèrent des forêts, situées au sud, en trois fortes colonnes, prenant ainsi par leur flanc gauche les Allemands en marche ; les troupes françaises comptaient environ 31,000 hommes, tandis que les Allemands ne pouvaient disposer pour ce combat que de 12,000 hommes tout au plus. Les Français occupèrent en forces Ladon et Maizières, et avancèrent par Bois-Commun et Saint-Longe sur Beaune-la-Rolande. Les Allemands firent venir l'artillerie du corps à Beaune, et pendant ce temps la brigade Valentini marcha par Juranville, vers la route au sud pour appuyer la brigade Lehmann qni avait pris Ladon après un combat acharné ; elle s'empara de Maizières et fit sa jonction avec la brigade Lehmann. Au point de croisement des routes de Bellegarde-Aury et Beaune-Ladon, le combat reprit de nouveau très-vivement, mais là aussi les Français furent refoulés dans la direction de Bellegarde, et les deux brigades allemandes atteignirent Beaune-la-Rolande dans la soirée, où se trouvaient réunis le 10e et le 3e corps d'armée. Ces combats, commencés dans la matinée, durèrent jusqu'à cinq heures et demie de l'après-midi ; les dernières troupes allemandes passèrent Beaune pendant la nuit ; elles avaient fait une centaine de prisonniers ; quant à l'indication sur les forces des Français, on la trouva dans un ordre de bataille, qu'un officier d'état-major français, tombé sur le champ de bataille, avait parmi ses papiers.

Le 28 novembre, la petite ville de Beaune-la-Rolande vit de nouveaux combats, plus sérieux cette fois. A neuf heures du matin, cette ville fut attaquée par des forces françaises très-supérieures en nombre aux troupes allemandes ; l'attaque exécutée par des troupes de ligne fut très-violente, rapide, et eut lieu de trois côtés à la fois, en front, par la droite, où les Français prirent le village de Batilly, et sur les derrières par La Pierre-Percée. Le but des Français était évidemment de prendre le 10e corps prussien par le flanc droit et par derrière pour replier toute la position de ce corps de Beaune jusqu'à Longoar (ou : Longorni ?). Beaune devint donc l'objet principal de l'attaque ; la petite ville occupée, comme nous l'avons déjà dit plus haut, par la brigade de Wedell, composée des 16e et 57e régiments d'infanterie, avait été vivement mise en état de défense ; à toutes les sorties s'élevèrent des barricades, chaque maison, chaque ferme entourée d'un mur, fut transformée bientôt en une petite forteresse. Les attaques des Français furent continuelles et exécutées avec une violence presque irrésistible ; pourtant elles se brisèrent au feu calme et bien dirigé des Allemands ; d'autres colonnes françaises de troupes fraiches arrivaient toujours, on lança des grenades dans la ville, qui commença bientôt à brûler dans divers endroits, mais les Allemands ne cédèrent pas un pouce de terrain. Le combat durait déjà depuis dix heures du matin jusqu'à quatre heures de l'après-midi, lorsque la 5e division prussienne put envoyer quatre bataillons au secours de ses camarades ; ces bataillons attaquèrent par Boyne le flanc gauche des Français et leur firent subir des pertes sensibles, surtout à la prise de la forêt de la Lau.

Pendant que la brigade de Wedell maintenait le combat au centre de la position, les autres troupes du 10e corps étaient également engagées sur toute la ligne établie sur les hauteurs entre Beaune et Longorni (ou Longoar ?). Le

7.

10e bataillon des chasseurs avait gagné du terrain sur les Français près du village de Corbeilles, de sorte que le général commandant put les détacher pour appuyer la brigade de Wedell. Le combat cessa bientôt. Les pertes des Allemands, se trouvant sur la défensive et dans des positions plus ou moins abritées, étaient insignifiantes, environ 600 hommes tués et blessés, en face des pertes de l'armée française qui eut 1,100 tués, 5,000 blessés et 1,600 prisonniers. Le résultat de cette journée si chaude, fut le maintien de leurs positions par les troupes allemandes, et la retraite des Français sur Boiscommun et Bellegarde ; le but de leur attaque était donc manqué.

Le 29 novembre, le même corps allemand livra un autre combat près de Juranville. A neuf heures du matin, les Français attaquèrent ce village, situé au sud-est de Beaune-la-Rolande, avec des forces supérieures. De onze heures à midi régna une fusillade très-vive, et elle continua, moins nourrie pourtant, jusqu'à la nuit, interrompue de temps en temps par la canonnade. Du côté des Allemands il n'y avait que la 39e brigade d'infanterie au feu, composée des régiments 56 et 79. Les Français n'eurent point de succès non plus ce jour-là, car Juranville qu'ils avaient pris au commencement de la journée, leur fut repris dans la soirée, et toute leur ligne refoulée au delà de la position qu'ils occupèrent le 28; le combat eut lieu sur le même terrain que celui du 28, et les Allemands durent de nouveau se charger du triste devoir d'enterrer les morts français avec les leurs et de recueillir leurs blessés abandonnés. Du reste, l'intendance et le service sanitaire des armées républicaines furent encore plus mauvais que sous l'empire ; rien n'était prévu sous ce rapport ; les soldats arrivés en masses sur les lieux des actions y trouvèrent rarement de quoi se nourrir ou se loger; comment veut-on qu'un soldat se batte bien le ventre creux, et quand il sait que, s'il est blessé, on l'abandonne généralement à l'ennemi? Nous croyons trouver dans ces circonstances la raison pour laquelle les Allemands font de si nombreux prisonniers. L'avocat Gambetta, ministre de la guerre, croit avoir fait assez en envoyant à la boucherie des masses d'hommes, à peine assez exercés pour manier leurs fusils; et en publiant des rapports ronflants sur de prétendues victoires; sous l'empire, son parti se plaignit que l'on ne dit jamais la vérité au peuple, mais lorsque lui et son parti eurent pris la direction des affaires, la vérité brilla moins encore dans leurs rapports.

Nous avons vu plus haut, comment le grand-duc de Mecklembourg, après sa réunion avec la 17e et la 22e division prussienne, avait repris l'offensive et comment ces troupes eurent plusieurs succès contre les Français venus de l'ouest, près de Chartres, Dreux et Châteauneuf. Pendant ce temps, le gros de l'armée française de la Loire avait occupé la ligne d'Orléans à Châteaudun, s'était retranché près de la première ville et avait poussé en partie jusqu'à Nogent-le-Rotrou et La Loupe. En face des Français, les Allemands se trouvaient à peu près dans les positions suivantes : au centre, le Ier corps bavarois et le 9e corps prussien, sur l'aile droite, le grand-duc de Mecklembourg, marchant en avant dans la direction du Mans, et sur l'aile gauche les 10e et 3e corps prussiens occupant les Français devant leur front, pour tâcher de tourner leurs ailes. Dans ce but, les troupes du centre restèrent en apparence inactives, tandis que sur les deux ailes les actions furent assez vives. L'armée du grand-duc, après les combats de Dreux et de Châteauneuf, chercha à tourner l'aile gauche des Français ; la 17e division prussienne formait son aile gauche, la 22e division le centre, et von der Tann avec ses Bavarois l'aile droite ; ils étaient postés le long de l'Eure, leur cavalerie sur les ailes allant jusqu'à Évreux, pour maintenir les relations avec l'armée du prince Frédéric-Charles. Par une conversion du sud-ouest au sud, les relations avec l'armée du prince Frédéric-Charles furent rendues plus étroites. Par suite de ce mouvement, le général Aurelles abandonna ses positions près de Châteaudun et se concentra plus près d'Orléans, mais en revanche, il prit l'offensive contre le 10e corps prussien ; nous avons vu plus haut, dans le récit des combats de Beaune-la-Rolande, quel en fut le résultat.

Mais le général Aurelles ne put tarder plus longtemps, car voyant marcher sur lui de tous côtés les armées allemandes, il dut essayer quelques pointes pour briser leur ligne, s'il ne voulait pas se voir entouré complétement. Son armée se trouvait devant Orléans dans une position très-avantageuse, défendue en outre par des forêts, surtout celle d'Orléans, rendue presque inabordable par des travaux de défense érigés dans toutes les directions ; mais le défaut de cette position se révèlerait, si son armée était battue, car alors elle avait la Loire à dos et la ville d'Orléans comme un défilé à passer à tout prix. Les avant-gardes d'Aurelles se trouvaient près d'Artenay, à trois lieues environ au nord d'Orléans, et de ce côté eurent lieu les divers combats qui précédèrent la retraite de l'armée française. Le premier combat fut entrepris par Aurelles dans le but de briser la ligne des Allemands dans la direction de Fontainebleau et Melun pour tendre la main à Trochu qui dut essayer une sortie dans la même direction; voilà pourquoi le général Aurelles se jeta sur l'aile gauche de l'armée du prince Frédéric-Charles, ce qui provoqua l'action près de Beaune-la-Rolande, action qui ne réussit pas. Alors le général d'Aurelles fit une pointe contre l'armée du grand-duc au nord-ouest des positions françaises sur la ligne d'Orgères-Baigneux, mais ici aussi les Français furent battus le 2 décembre ; le combat se développa près de Bazoches-les-Hautes, et Poupry fut pris d'assaut; près de Loigny le 16e corps et près d'Artenay le 15e corps français furent refoulés.

A ces combats isolés succéda le 3 décembre la marche en avant de toute la ligne allemande; le prince Frédéric-Charles refoula les Français près de Chilleurs-aux-Bois dans la forêt d'Orléans, et sur la ville même, tandis que le grand-duc gagna du terrain près de Chevilly et le général Treskow avec sa 17e division prit les villages de Gidy, Janvry et Pruns. Ces combats furent suivis le 4 décembre de la prise de la gare d'Orléans et du faubourg de Saint-Jean par le général de Manstein ; le soir de ce même jour, les autres corps allemands étaient prêts à prendre la ville d'assaut; mais le commandant français jugea avec raison sa position intenable et évita un combat qui n'aurait eu d'autre résultat que de faire beaucoup de mal à la ville ; dans la nuit du 4 au 5 décembre, les Allemands réoccupèrent la ville abandonnée il y a environ un mois. Le but de l'armée de la Loire de porter secours à Paris était donc manqué ; cette armée était la seule qui comptât encore dans ses rangs une bonne partie de troupes régulières, avec une forte et nombreuse artillerie ; tous les efforts avaient été faits pour la rendre forte, et en effet elle comptait au moins 120,000 hommes, des journaux français parlaient même de 180,000 hommes. On connait les dépêches qui furent échangées entre Gambetta et le général d'Aurelles qui d'abord ne voulut faire aucune résistance à Orléans, attendu que ses troupes ne tiendraient pas ; il changea d'avis, mais le résultat fut bien connu, il l'avait prévu. Naturellement Gambetta le traita de traître ou à peu près et voulut le traduire devant un conseil de guerre ; par suite de ces procédés, le général donna sa démission et refusa tout autre emploi ; chose regrettable pour l'armée, car ce général était un des officiers capables de l'armée française, mais nous comprenons parfaitement sa décision, car il doit être pénible pour un général ayant conscience de son mérite d'être sous les ordres d'un homme absolument incapable dans les sciences militaires, comme l'était Gambetta, et qui osa l'accuser presque de trahison.

Voici maintenant quelques détails sur les combats livrés autour d'Orléans pendant ces quatre journées.

Le 1er décembre, les trois corps d'armée du prince Frédéric-Charles, les 10e, 3e et 9e, avancèrent à l'est de la route d'Artenay vers Orléans, tandis qu'à l'ouest de cette même route le grand-duc s'avança avec ses deux corps. On poussa plusieurs reconnaissances qui firent voir que les Français occupaient en masse la route conduisant d'Artenay vers Allaines, à l'ouest de ce premier endroit. Le corps du grand-duc fut concentré dès la matinée du 2 autour de Janon et Baigneaux, d'où il entreprit, avec la 22e division, une reconnaissance vers Poupry. Ici aussi l'ennemi se montrait en forces, et bientôt un combat fort vif s'engagea, mais la division prussienne réussit à rejeter les Français et à se maintenir dans Poupry. En même temps la 2ᵉ division de cavalerie, Stolberg, commença le combat près d'Artenay et rétablit ainsi les relations entre la 22ᵉ division et le 9ᵉ corps d'armée, qui reçut à midi l'ordre d'avancer sur Bazoches-les-Hautes. Il exécuta le mouvement prescrit, mais rencontra les Français sur la route qui conduit d'Artenay à Pithiviers, et sur laquelle ils occupaient Spuy. Il était possible que les Français eussent l'intention de rompre, en partant de ce point, les lignes allemandes, de sorte que tout le 3ᵉ corps fut dirigé plus à droite pour empêcher ce mouvement. Les hussards verts, appuyés par de l'artillerie montée, firent une charge violente ; la cavalerie de la 6ᵉ division et une autre batterie montée vinrent les soutenir, et ces troupes réussirent dans un brillant combat de cavalerie à refouler les Français et à nettoyer la route de façon que le 9ᵉ corps put avancer sans obstacle. Ce succès était très-important pour la coopération des divers corps allemands, et bientôt le 9ᵉ corps, pour couvrir le flanc gauche du grand-duc, fut concentré autour de Château-Gaillard. Pour exécuter ce mouvement, les troupes allemandes avaient de marches longues à faire et dans des circonstances très-difficiles. La neige tombait à gros flocons et leur cinglait la figure, chassés par une tempête glaciale ; malgré tout cela elles arrivaient à temps. Une heure de repos seulement leur est accordée et elles partent de nouveau pour marcher la nuit et attaquer le lendemain les Français près d'Artenay. Le 9ᵉ corps avance par la route de Chilleurs pour les prendre sur le flanc gauche, le 10ᵉ corps resta derrière Artenay comme réserve, la 2e division de cavalerie, avec la 6e en réserve, maintient les relations entre le corps du grand-duc et le 9e corps. Le 3 décembre, jour du principal combat, la position des Allemands était celle-ci : Aile droite : 2e division de cavalerie ; vers la gauche suivaient alors : des Badois, la 17e, la 22e division d'infanterie et une division de cavalerie, puis le 9e, le 3e et le 10e corps d'armée prussien. — Il faisait encore nuit, et à peine pouvait-on distinguer les objets à dix pas, lorsque le 9e corps commença son mouvement en avant pour attaquer Artenay dès la pointe du jour. A l'est d'Artenay, on voyait la cavalerie française ; le 6e régiment de dragons prussiens les attaqua et, après un combat très-court mais violent, les force à la retraite. Le 11e régiment d'infanterie prend Artenay et Arsac ; en avant de ces endroits, les Français avaient amélioré leur position par des fossés de tirailleurs et quelques ouvrages en terre, et ainsi abrités ils lancent aux Allemands une avalanche de balles et de grenades qui pourtant n'arrêtent point ceux-ci ; l'artillerie allemande répond par un feu extrêmement nourri ; un instant le combat paraît indécis, mais la grande précision du feu des Allemands fait pencher la balance en leur faveur ; le feu des Français se ralentit peu à peu et bientôt on remarque de l'indécision chez eux. Ce moment favorable est vivement saisi par l'infanterie allemande qui s'avance en une longue ligne. C'est quelque chose d'imposant à voir que ce flot d'hommes qui s'avance d'un pas rapide, comme une vague de marée montante qui peut-être dans une minute va se briser contre un rocher, tout en le submergeant dans la minute suivante. Ainsi ici, les Français opposent d'abord une résistance opiniâtre et se maintiennent dans leur position, plus d'un Allemand teint la neige de son sang; mais elle est inutile, la résistance, le choc est trop terrible et lentement les Français se replient tout en continuant le feu.

Comme points de vue on désigne alors aux troupes allemandes le moulin d'Auvilliers et la ferme d'Aublay. Le terrain est coupé ici par quelques bois qui ne sont pas très-touffus, mais qui par la croissance oblique, très-curieuse, de leurs arbres, offrent d'énormes difficultés à une marche rapide; de plus l'ennemi l'occupe fortement par son infanterie. Le moulin est bâti snr une hauteur faisant partie d'une petite chaîne de collines, couronnée par l'artillerie du 15ᵉ corps français formant l'avant-garde du gros de 60,000 hommes environ, établi près de Croix-Briquet.

Le combat va et vient avec un acharnement très-grand; tout à coup l'artillerie allemande reçoit l'ordre de prendre une position d'enfilade, et le 2ᵉ bataillon du 85ᵉ régiment celui de prendre le moulin d'assaut. Avec un hourrah formidable ce bataillon s'élance à la baïonnette, mais les Français défendent leur position avec rage; le bataillon prussien reçoit décharge sur décharge, mais rien n'y fait, il arrive en haut et les Français sont forcés d'abandonner cette position, couronnée peu après par l'artillerie prussienne qui de là ouvre un feu violent contre les lignes ennemies. La longue ligne de l'infanterie continue aussi d'avancer, attaque les Français sur tous les points à la fois et finit par les refouler sur Croix-Briquet. Dans cet endroit commence un violent combat de rues; on se bat homme contre homme, et chaque maison jusqu'à la dernière doit être prise d'assaut. Le centre de la nouvelle ligne allemande reste à Croix-Briquet, les Français sont derrière leurs travaux de terre à Chevilly, armés de gros canons de marine à longue portée ; ils cherchent par un bombardement incessant à jeter le trouble dans les lignes allemandes, mais ce qui d'abord pouvait être un avantage pour eux devint alors un défaut ; les canons portant trop loin, derrière les lignes attaquantes des Allemands et ce n'est que leur réserve qui en souffre pendant quelque temps. La nuit commence à tomber et de gros nuages couleur de plomb envoient bientôt une nouvelle avalanche de neige ; le château d'Augelon pris par les chasseurs hessois devient la proie des flammes qui jettent au loin leur clarté sinistre et font courir des ombres fantastiques sur la neige toute fraîche qui couvre la terre. Dans ce moment la 18e division prussienne, composée de quatre régiments d'infanterie, nos 11, 36, 84, 85, et deux bataillons de chasseurs reçoivent l'ordre de prendre Chevilly d'assaut, aussitôt que la 22e division sera annoncée.

Il est cinq heures, lorsque la 18e division se met en marche pour exécuter les ordres reçus ; l'arme au bras elle s'avance sous le feu meurtrier que lui envoient les Français, mais la 22e division n'ayant pu arriver assez à temps, la 18e reçoit l'ordre de se retirer et de bivouaquer ; le combat cessa donc pour ce jour-là ; les avant-postes furent placés aussi prêts que possible des Français pour pouvoir reprendre le lendemain l'attaque de Chevilly. Le jour, le 4, apparaît, tous les préparatifs sont faits, mais les Français avaient évacué leur camp devant Chevilly, et bientôt la 22e division prussienne en prit possession, tandis que les autres troupes continuèrent leur marche sur Orléans. La forêt d'Orléans commence immédiatement derrière Chevilly et s'étend le long de la chaussée jusque vers Orléans; entre Cercottes, Gidy et Larue la forêt dépasse la chaussée et remplit l'espace entre ces trois petits villages, formant donc un bon point d'appui pour les troupes françaises, augmenté encore par la situation un peu élevée de Cercottes et par les redoutes élevées à Gidy et garnies de grosses pièces de marine; à gauche de Gidy se trouve un de ces moulins à vent, bâtis sur un étage de bois, appelés ordinairement moulins hollandais, qui terminait la ligne des retranchements français, consistant en fossés profonds de 3 à 4 pieds et des ouvrages en terre allant jusqu'à la gare d'Orléans, défendue elle-même par un bastion renfermant 8 pièces énormes de marine; derrière chacune de ces pièces il y avait un endroit à l'abri des bombes pour y loger la poudre et les boulets.

Les Allemands trouvèrent ces caveaux encore pleins, preuve, en tous cas, que les Français n'ont pas abandonné ces positions faute de munitions, et qu'ils les regardaient comme bonnes, puisqu'ils les avaient occupées en forces. Leur infanterie prit position dans la forêt, prête à attaquer les Allemands ; ceux-ci s'avancèrent avec leur 18e division par la chaussée et le remblai du chemin de fer ; une reconnaissanse opérée contre Cercottes trouva l'endroit fortement occupé par les Français. Une batterie est envoyée en avant, on ne pouvait en déployer plusieurs, parce que la forêt assez épaisse ne le permettait pas, elle coupe le terrain de tous côtés. Les Français ayant aperçu cette batterie lancèrent de leurs batteries la mitraille à pleines volées, pourtant ce feu n'arrêta pas la marche de la batterie prussienne, qui prend la position qui lui est désignée et répond efficacement aux batteries ennemies ; pendant ce temps le 36e régiment et le 9e bataillon des chasseurs s'avancent vers le bois et le 85e régiment par la route. Les Français cherchent à empêcher ce mouvement et sortent en masses compactes de leur position abritée en ouvrant un feu bien dirigé sur l'infanterie allemande qui est arrêtée pendant quelque temps. Trois batteries allemandes furent dirigées sur le flanc gauche et le 36e régiment avança en attendant que ces batteries pussent ouvrir le feu ; mais les Français ne restèrent pas inactifs non plus et mirent en ligne toute leur artillerie de campagne pour protéger leur infanterie. Alors les Allemands font avancer toute leur infanterie en une seule ligne ; elle avance irrésistiblement, beaucoup de monde tombe, mais rien n'est en état d'arrêter leur élan, et au fur et à mesure que les Allemands gagnent du terrain, les Français commencent à plier et se retirent dans la direction de l'aile gauche des Allemands. La 22e division prussienne était encore trop en arrière en ce moment pour pouvoir entrer au combat et appuyer l'attaque sur Cercottes. Toute l'artillerie et la division hessoise fut appelée en avant ; l'infanterie française sortit alors de ce côté aussi de la forêt et tâcha de faire un retour offensif sur la droite des Allemands ; mais le 36e régiment prussien se lança en avant au pas de course, et l'artillerie commença à canonner Gidy. Maintenant se développe un combat qui dépasse tous les autres en violence et en énergie ; car il s'agit de prendre Cercottes, la clef de la position française. Si les Français sont forcés d'abandonner ce village, ils doivent se retirer et laisser libre aux Allemands le chemin d'Orléans.

Les grosses pièces de la marine française établies à Gidy, tournent leur feu contre l'infanterie allemande, mais tout est inutile ; les chasseurs hessois, le 9ᵉ bataillon de chasseurs prussiens, les 36ᵉ et 85ᵉ régiments se lancent pêle-mêle sur cette redoute et les chasseurs hessois réussissent à s'emparer des pièces. Les Français défendent le terrain pied à pied ; les Allemands n'avancent que lentement dans le village où chaque mur de jardin, chaque ferme est défendu énergiquement ; mais enfin le village est pris, les Français sont refoulés partout ; on les voit se retirer en longues lignes interminables vers Orléans. La poursuite est entreprise de suite, mais les Français placent sur une petite hauteur deux batteries qui l'arrêtent pour le moment ; on rappelle les régiments, on les reforme et dans une nouvelle ligne ils s'avancent au pas de charge sur les batteries de mitrailleuses que les Français viennent d'établir sur les hauteurs en arrière de leur première position. De nouveau un feu meurtrier est ouvert sur les Allemands, de nouveau le combat reste longtemps indécis, mais encore une fois l'infanterie allemande se lance à la baïonnette, refoule l'ennemi, et en un instant leur position est occupée par l'artillerie prussienne. Les 11ᵉ et 85ᵉ régiments allemands s'approchent alors du faubourg d'Orléans appelé les Aydes ; mais un feu terrible les reçoit dès qu'ils sont en vue, et ils doivent se retirer ne pouvant continuer l'attaque de front. La 35ᵉ brigade s'avance à la gauche de la chaussée ; les Français se retirent derrière la barricade et continuent leur feu contre les Allemands, appuyé par celui d'autres pièces de marine et des canonnières sur la Loire. Malgré ce feu qui semble augmenter de minute en minute, les Allemands continuent d'avancer, les canons français près du chemin de fer sont enfin réduits au silence, et l'on se prépare à donner l'assaut à la barricade; mais la nuit survient et l'ordre d'assaut est retiré; on abrita tant bien que mal les régiments derrière les maisons contre le feu des Français qui tirèrent sans interruption jusqu'à dix heures du soir. De l'autre côté de la ville, à l'ouest, le grand-duc de Mecklembourg prit pendant ce temps et tout en combattant constamment les vignes près de la ville; il envoya des patrouilles en avant, elles furent reçues encore par des coups de canon du faubourg, mais à une heure et demie de la nuit du 5 décembre il entra avec son corps dans la ville. Bientôt après la barricade au nord fut évacuée aussi, de sorte que de ce côté également les Allemands firent leur entrée ; elle dura toute la journée du 5 et déjà le lendemain la poursuite de l'armée française fut ordonnée et exécutée dans trois directions différentes. Si les Allemands se sont flattés d'abord d'avoir dispersé l'armée de la Loire, ils virent dès les jours suivants que c'était une erreur, car la résistance opiniâtre qu'ils rencontrèrent de nouveau prouva bien que ce n'était pas une armée dispersée, et que si elle était battue, elle n'était point anéantie.

Mais si plus tard le général Chanzy qui prit le commandemant en chef après la démission d'Aurelles, prétend dans des ordres du jour et des proclamations indignées, avoir constamment battu les Allemands, tandis qu'il reculait toujours, il ne peut que nous faire sourire. Dans les premiers jours son armée fit certes encore une

belle résistance, et si quelquefois il a pu garder ses positions, il est loin d'avoir battu les Allemands, car s'il gardait ses positions, c'est qu'il n'avait que des parties faibles en face de lui. Les Allemands l'ont toujours obligé à
se retirer dans les combats quelque peu importants. —
Dans les quatre journées autour d'Orléans, les Français
perdirent en prisonniers non blessés plus de 10,000 hommes, 77 canons et 4 canonnières sur la Loire ; plus de
2,000 morts ; les blessés n'ont pas été constatés exactement. Quant aux pertes des Allemands, elles doivent avoir
été très-fortes, car le grand-duc de Mecklembourg accuse
pour les troupes sous ses ordres dans la journée du
2 décembre 3,200 hommes tués ou blessés ; pour les autres corps sous les ordres du prince Frédéric-Charles
nous n'avons pas trouvé d'indications ; mais si l'on considère que dans presque tous ces combats les Allemands
avaient à chasser les Français de positions abritées,
on comprendra que ces combats doivent avoir coûté
fort cher, — d'autant plus que les Français se sont battus avec beaucoup de bravoure, et si le général Aurelles
n'avait pas eu à craindre d'être enfermé à Orléans,
son armée aurait pu résister davantage, mais l'idée
de sauver l'armée plutôt que de subir un désastre
comme celui de Metz ou de Sedan, doit avoir abrégé la
résistance.

Comme nous le disions plus haut, la poursuite de
l'armée française fut ordonnée dès le 6 décembre. D'après
les avis reçus par les reconnaissances, on avait vu
passer la Loire par des colonnes assez fortes près de
Jargeau, Sully et Gien. Le 3ᵉ corps prussien fut envoyé
dans cette direction ; d'autres avis signalèrent le gros des

forces françaises près de Beaugency; le 9e corps y fut envoyé en passant sur la rive gauche de la Loire par Orléans, car on supposait que les troupes françaises allaient se retirer sur Tours pour défendre le siége du gouvernement, et que l'on voulait de cette façon menacer leur ligne de retraite par la rive gauche. La 6e division de cavalerie fut dirigée au sud vers Vierzon avec ordre de suivre l'ennemi en retraite et de le garder en vue autant que possible. Le 10e corps resta à Orléans comme réserve, et le grand-duc de Mecklembourg, avec les 17e et 22e divisions et le 1er corps bavarois, resta sur la rive droite de la Loire formant de nouveau l'aile droite de la nouvelle position.

Dans sa marche vers le sud-est, le 3e corps prussien ne rencontra aucune troupe française importante, ni la 6e division de cavalerie non plus, qui n'eut que quelques escarmouches avec la population voulant de temps à autre disputer le passage aux patrouilles, ou refusant les réquisitions nécessaires. Les attaques dirigées le 7 décembre par les Français contre le corps du grand-duc convainquirent les Allemands que les forces principales de l'ennemi s'étaient concentrées autour de Beaugency, dans l'intention d'empêcher la marche des Allemands vers le sud; le 7 le grand-duc eut à combattre le général Camon; le 8 décembre le 16e et le 17e corps français, de formation nouvelle, sous les ordres du général Chanzy, attaquèrent de nouveau très-énergiquement les positions du grand-duc, mais la défense fut aussi énergique et les Français durent se replier. Le 9 décembre le prince Frédéric-Charles envoya le 10e corps pour appuyer les troupes du grand-duc, mais son artillerie seule fut employée, car les Français avaient été refoulés de nouveau. Dans la journée du 7 les Français perdirent 260 prisonniers, 1 canon et 1 mitrailleuse et dans celle du 8 ils abandonnèrent 6 pièces d'artillerie et environ 1,000 prisonniers; les Allemands occupèrent le 8 Cravant, Beaumont, Messas et Beaugency; le 9 Bonvalet, Villorceau et Cernay furent pris aux Français qui laissèrent de nouveau bon nombre de prisonniers entre les mains des Allemands. Comme les troupes du grand-duc avaient souffert beaucoup par ces combats continuels, le prince Frédéric-Charles envoya le 10e corps en première ligne et donna ordre au 9e corps de l'appuyer au besoin. Ceci eut lieu le 10; les deux corps agirent de concert, les Français furent forcés de nouveau à la retraite, subirent des pertes importantes et finirent par se retirer sur Blois; dans ces combats Montlivault et Chambord furent pris par les Allemands. Pour continuer la poursuite des Français avec la plus grande énergie, on rappela le 3e corps de Gien et on le concentra autour de Beaugency; le 10e fut dirigé sur Blois, tandis que le 9e resta sur la rive gauche de la Loire. Le 12 décembre, le prince Frédéric-Charles porta son quartier général à Beaugency, le 13 à Suevres, où il resta jusqu'au 16. Ici le prince reçut la nouvelle que le 10e corps avait occupé Blois le 13 sans trouver de résistance et en prenant beaucoup d'approvisionnements. Suivant les rapports des patrouilles et reconnaissances, une partie seulement des forces françaises s'était retirée à l'ouest vers Vendôme; un peu au nord de cette ville le grand-duc rencontra les Français près de la Morée le 15 décembre, et leur livra un nouveau combat heureux. De Blois, le 10e corps avait poursuivi les Français et eut

8

un engagement d'artillerie avec leur arrière-garde. Jusqu'ici les Français pouvaient encore se rapprocher de Paris en décrivant un grand cercle par le nord-ouest et faire une nouvelle tentative de venir au secours de leur capitale; le but des Allemands était donc naturellement de se porter avec toutes leurs forces disponibles de ce côté pour arrêter ce mouvement. C'est pourquoi le 9e corps fut rappelé de la rive gauche de la Loire, et le 3e dut avancer de Beaugency, pour se réunir au 10e et marcher ainsi concentrés sur Vendôme. Mais les Français évitèrent le combat, suivant des bruits après un conseil de guerre tenu à Vendôme sous la présidence de Gambetta dans la nuit du 16 au 17 décembre; on décida d'évacuer Vendôme et de se retirer jusqu'au Mans. Ceci fut exécuté le 17 dans la journée, après un essai de faire sauter les ponts sur le Loir, mais le 10e corps prussien le passa néanmoins deux heures après, et Vendôme fut occupé presque sans résistance; on ne lança que quelques grenades sur les Français en retraite, et un détachement d'infanterie de Brunswic appuyé par le 10e bataillon de chasseurs prit 8 canons tout attelés et avec leur personnel.

Le 10e corps et celui du grand-duc reçurent ordre de poursuivre les Français et de les maintenir s'ils cherchaient à reprendre l'offensive. La tâche de la 2e armée allemande sous le prince Frédéric-Charles, de refouler l'armée française au sud de la capitale, était accomplie après la retraite des Français jusqu'au Mans; sur le rapport du bataillon bavarois resté en garnison à Gien que des forces françaises assez nombreuses se montraient dans les environs, le prince Frédéric-Charles fit remonter la Loire à quelques parties de son armée, le 17 et le

18 décembre, pour défendre encore de ce côté la ligne d'investissement au sud de Paris, et surveiller l'ennemi près de Gien; il reporta son quartier général le 18 décembre à Meung, et le 19 à Orléans.

Les Allemands entrant à Vendôme virent encore aux coins des rues une proclamation de Gambetta aux préfets et maires, datée du 15 décembre, ordonnant de veiller rigoureusement à ce que les soldats ne restent pas en arrière des armées, de les arrêter et de les faire ramener aux corps. Cette proclamation prouve que le nombre devait être très-grand, mais l'enthousiasme, l'entrain de voler à la défense de la patrie beaucoup moins grand que ne le disait constamment Gambetta dans ses proclamations mensongères.

Du reste, n'aurait-on d'autre preuve que le nombre excessif des prisonniers que prirent presque après chaque engagement les Allemands, on pourrait en toute sécurité arriver à la même conclusion; si les armées ont été nombreuses, c'est que les gens craignaient les rigueurs du parti républicain, de la défense à outrance, mais si l'on avait pu prendre leur avis, tous auraient sans doute répondu qu'ils voulaient la paix.

L'armée allemande se reposa quelque temps dans ses positions autour d'Orléans, compléta ses approvisionnements et son équipement qui avait souffert énormément; les hommes avaient du reste aussi besoin de se refaire quelque peu, et après les marches et les combats qu'ils avaient livrés, ce repos était certainement bien mérité. Aussitôt que le prince Frédéric-Charles apprit que la partie de l'armée de la Loire sous les ordres de Bourbaki avait pris la direction de l'Est, il se décida à reprendre l'offensive. Il ne laissa dans Orléans qu'une garnison de cinq bataillons hessois; le 10e corps fut envoyé en avant de Blois vers l'ouest, le 3e corps marcha de Beaugency vers le sud de la forêt de Marchenoir, le 9e corps de Morée vers le nord de la même forêt; de Chartres arriva le grand-duc de Mecklembourg dont le corps avait été mis sous les ordres du prince.

Le 4 janvier, le prince partit d'Orléans pour Beaugency qu'il quitta le lendemain et prit la direction de l'Ouest. Le 6, le quartier général se rendit d'Oucques à Vendôme et rencontra en route les colonnes du 3e corps en marche. Arrivé à peine à Vendôme, on entendit au loin une fusillade, entremêlée de temps en temps de quelques coups de canons; il était évident que les troupes allemandes avaient un engagement à divers endroits avec l'armée française.

En effet, la ville de Vendôme, occupée avant l'arrivée des autres corps par une seule brigade, allait être attaquée par surprise par trois divisions françaises qui espéraient pouvoir enlever la garnison relativement faible des Allemands. Deux des divisions françaises devaient attaquer la ville de front, tandis que la troisième amenée par chemin de fer, devait la prendre en flanc.

Cette opération fut dérangée par l'arrivée des autres troupes allemandes; du reste, les mouvements des colonnes françaises avaient été observés par deux bataillons du 10e corps qui se trouvaient aux avant-postes. Le 3e corps venant les relever eut donc occasion de rencontrer l'ennemi et reçut l'ordre de le refouler. Lorsque l'avant-garde eut dépassé Vendôme, elle fut reçue par une vive fusillade qui partait d'une ferme et du village situé en arrière. Après quelques attaques renouvelées, les

Allemands prirent la ferme et le village, et les Français durent se retirer dans la forêt de Vendôme. Là ils essayèrent de se tenir et firent très-bonne résistánce, mais vers la soirée ils durent encore reculer et abandonner cette position aux Allemands, malgré leur nombre supérieur. Une autre pointe fut poussée contre Villiers; la 9e brigade d'infanterie allemande, formant l'avant-garde de la 5e division s'y trouvait et les Français arrivèrent en nombre très-supérieur, ayant en arrière d'eux quelques retranchements garnis d'artillerie qui les appuyait par son feu. Toutes les attaques des Français se brisèrent contre la résistance ferme et inébranlable des Allemands, bien que leurs pertes fussent très-sérieuses; mais bientôt l'artillerie française fut réduite au silence, et les Français se replièrent.

Ce combat près de Vendôme ne fut que le commencement d'une série d'actions commencées le 6 janvier et qui durèrent jusqu'au 12, finissant par la prise du Mans. Aucun de ces combats n'avait l'importance d'une bataille ; mais les circonstances dans lesquelles ils eurent lieu, et d'après les positions que les Français occupaient, le terrain même, firent que ces combats, dépendant l'un de l'autre, eurent le résultat d'une bataille décisive. Toute cette contrée très-accidentée, coupée par de grandes allées d'arbres, ayant chacun de ses champs entouré d'une haie vive assez épaisse, offrait d'énormes difficultés, augmentées encore par les fermes très-nombreuses et quelques villages entourés de petits bois qui fournissent autant de points d'appui. De plus, il faisait un temps affreux ; la neige couvrait le sol à plusieurs pieds de hauteur ; une variation de température subite changea tout cela en un véritable lac qui après une nuit de forte gelée devint presque impossible à passer. Pourtant, l'artillerie et la cavalerie devaient s'y mouvoir, et le lecteur comprendra avec quelles difficultés. Si Chanzy avait bien compris sa position, il aurait pu infliger là aux Allemands des pertes énormes, et peut-être même les forcer à se retirer, au moins momentanément. Il ne devait pas présenter ses troupes en colonnes serrées, mais les éparpiller, et faire la petite guerre, alors il aurait pu couper les convois de munitions, d'approvisionnements, avec une très-grande facilité, mais il n'en fit rien.

Pendant ces six jours, les Allemands durent se battre constamment contre un ennemi abrité, se défendant très-bien du reste ; après l'action ils n'avaient d'autre ressource que de bivouaquer sur la neige, en plein air, et pouvant à peine se préparer la nourriture nécessaire ; c'est pendant ces journées que l'armée allemande a donné la preuve de ce qu'elle vaut ! — Certes, l'armée française eut aussi à souffrir de l'intempérie du temps, mais au moins elle trouvait au besoin, après l'action, un abri dans les fermes et villages, en un mot, elle était chez elle.

Le 8 janvier, le quartier général allemand se rendit de Vendôme par Epuisay à Saint-Calais, où il arriva le soir à huit heures. Partout il rencontra les vestiges des combats qui avaient eu lieu le 6 et le 7 sur cette route. Épuisay, un petit village, avait été pris le 7, par le 2e bataillon du régiment n° 64 et l'avant-garde du 9e corps. La route avait été détruite ou barricadée en plusieurs endroits ; à la ligne de la Bray, les Français essayèrent de tenir ; mais le 3e corps prit cette position et put continuer ses opérations. Le 9 janvier fut encore une journée de marche pénible ; il neigea sans interruption du matin au soir. Le soir le quartier général s'établit à Bouloire, et là il reçut le rapport d'un engagement entre le 3e corps et les troupes de Chanzy, près du château d'Ardenay, situé à 11 kilomètres en avant. Le 10, au soir, les premiers trophées furent amenés au quartier général, deux mitrailleuses avec leurs chevaux et des masses assez compactes de prisonniers, de sorte qu'il devint impossible de les loger tous dans ce petit village. Entre Ardenay et la petite ville d'Yvre, autour de l'auberge de Saint-Hubert, les Français essayèrent encore de tenir contre le centre des Allemands ; les hauteurs à droite de la route du Mans et qui la dominent complétement furent défendues opiniâtrement pendant les journées des 11 et 12.

Les Allemands avaient là leurs 3e et 9e corps, et ce dernier reçut l'ordre de rétablir les relations avec le 13e corps sous le grand-duc de Mecklembourg qui formait l'aile droite. Le grand-duc partant de Chartres eut à combattre l'aile gauche des Français, formée par leur 21e corps ; il trouva beaucoup de résistance, mais aussi il empêcha ce corps d'être employé par Chanzy. La bataille au centre durait encore, et bien que le 12 au soir on sentit que cette défense énergique faiblissait et ne servait plus qu'à masquer la retraite, on crut pourtant au quartier général allemand que la matinée suivante serait encore nécessaire pour la briser entièrement. Le prince Frédéric-Charles retourna le soir à son quartier établi depuis le 11, au château d'Ardenay. A huit heures, un officier lui apporta une dépêche du général de Voigts-Rhetz, commandant le 10e corps, qui annonçait qu'il avait occupé dans l'après-midi de ce jour la ville du Mans. Le 10e corps, formant l'aile gauche des Allemands, avait reçu pour instruction de tourner l'aile droite des Français, appuyée sur cette ville; il s'était mis en marche le 6 et atteignit Montoire, de là il dut marcher sur la rive droite du Loir; près de La Châtre il fit une conversion vers le nord pour se diriger sur le Mans. Le matin du 12, la dernière résistance des Français qu'il eut en face de lui fut vaincue, et il put avancer rapidement sur la ville. Ce mouvement tournant n'aurait point été possible si l'on n'avait réussi à occuper le centre et l'aile droite des Français; ils se laissèrent tromper en effet, ne croyant pas que les Allemands oseraient entreprendre un mouvement si excentrique avec l'aile gauche de leur armée.

Par la prise du Mans, la ligne de retraite des Français se trouva menacée et la retraite précipitée de toutes les positions, prouva que cette crainte était bien fondée; le même soir la route du Mans était libre pour les Allemands.

Dans les rues de la ville il y eut échange de coups de feu entre les Allemands et les traînards de l'armée française et quelques hommes du peuple; on tira aussi de plusieurs maisons; mais la lutte fut insignifiante et dura fort peu. Les troupes françaises évacuèrent la ville en chemin de fer, et le dernier train était à peine parti que les Allemands arrivèrent; mais rien du train, ni des munitions, ni des équipages d'officiers n'avait pu être évacué, et lorsque les Allemands tirèrent les premiers coups de feu, la panique devint telle que toutes ces voitures se barraient mutuellement le chemin; naturellement, rien n'échappa. A la gare du chemin de fer la prise fut plus importante encore; on y trouva 6 locomotives et environ 200 wagons; des voitures pleines de fourrages, farine, café, sucre, riz, cognac, vin et d'effets. Le Mans forme sous ce point de vue le pendant de Sarreguemines, où les Allemands prirent également des quantités énormes d'approvisionnements.

Le camp de Conlie près du Mans, fut pris par les Allemands le 14 sans combat; on y trouva beaucoup d'armes et de munitions, ainsi que d'autres provisions. Les 50,000 hommes qui l'occupaient avaient été rétirés déjà quelques jours avant, comme on dit, par suite d'une épidémie de variole qui s'était rapidement propagée. Le 13 janvier à 1 1/2 heure le prince Frédéric-Charles entra au Mans et y établit son quartier général. Le jour suivant une partie des troupes continua la poursuite de l'ennemi qui se retira dans la direction de Laval et d'Alençon et cette dernière ville fut occupée. Pendant ces six jours de combats les Français perdirent 22,000 prisonniers non blessés, 19 canons et 2 drapeaux. Les Allemands accusent 177 officiers et 3,203 soldats hors de combat.

Cette fois l'armée de la Loire était complétement battue et son effectif doit être réduit de façon à la rendre pour quelque temps incapable de reprendre l'offensive, si toutefois les Français persistent à reprendre les hostilités et se refusent à accepter les conditions de paix offertes par l'Allemagne. Espérons dans son propre intérêt qu'elle s'avouera vaincue, elle qui a si souvent vaincu les autres, et qu'elle ne voudra pas par pure vanité continuer une lutte qui est sans espoir pour elle et qui ne pourra que la ruiner complétement.

———

Les provinces de l'Est.

Après la reddition de Strasbourg les troupes allemandes prirent quelques jours de repos. Pour les opérations ultérieures, dans cette partie de la France, on forma sous les ordres du général de Werder un 14e corps d'armée, comprenant environ 50,000 hommes, plus une division de réserve destinée à cerner Schlettstadt et Brisach.

Le 5 octobre, la colonne mobile composée de troupes badoises sous les ordres du général-major de Degenfeld, partit de Senones, après avoir eu quelques petits engagements heureux le jour avant près de Champenay, pour marcher par Moyenmoutiers sur Étival et Raon-l'Étape ; on désigna aux divers détachements la vallée de la Meurthe, au point de croisement des routes d'Étival et de Raon, comme lieu de rendez-vous, mais aucun de ces détachements n'avait rencontré l'ennemi. L'avant-garde occupa Saint-Blaise et envoya ses éclaireurs vers Raon, qui devait être atteint ce jour même par le colonel de Wechmar. Un bataillon du 6e régiment occupa Etival, où il devait prendre ses quartiers. Vers 9 1/2 du matin on entendit dans la direction de Raon une fusillade assez vive ; l'avant-garde reçut immédiatement ordre de s'y rendre et le gros la suivit de près ; le bataillon du 6e régiment reçut l'ordre d'avancer d'Etival vers les bois de la Bellotte et de la Chipotte, pour couper au besoin à l'adversaire la retraite vers Rambervillers. L'engagement que nous entendîmes eut lieu à Raon et près du château de Beauregard entre l'avant-garde du colonel Wechmar et 500 à 600 francs tireurs qui s'étaient retranchés à la lisière de

Raon et dans les vignes dudit château, mais ils ne firent pas longue résistance et cédèrent le terrain à la première attaque : ils laissèrent environ 50 des leurs sur le terrain. Dans l'après-midi toute la colonne était réunie de nouveau ; le 1er bataillon du 6e régiment avec un peloton de dragons à Étival ; le 3e bataillon du 3e régiment, 2 bataillons de grenadiers à Raon et la Neuveville ; les avant-postes furent poussés jusqu'à Bertrichamp, la haute Neuveville, et en avant de Raon et d'Étival. De l'ennemi on apprit que Saint-Dié était occupé, mais les indications sur sa force varièrent beaucoup, on parla de 800 jusqu'à 3,000 hommes. Dans l'après-midi la colonne reçut l'ordre de servir d'avant-garde au corps d'armée en marche sur Épinal, et de garder les débouchés de la vallée et la Meurthe. Le général commandant la colonne décida que, le 6, on occuperait Saint-Dié avec 4 bataillons, 2 escadrons et les 2 batteries ; un bataillon des grenadiers resterait à Étival comme réserve ; l'autre à Raon pour garder l'étape et pour faire avec les détachements de cavalerie les réquisitions nécessaires dans les environs. Dans la matinée du 6, le détachement se forma en 2 colonnes, dont celle de droite, un peu plus faible, sous les ordres du major Kieffer, se mit en marche vers 8 1/2 heures sur la rive gauche de la Meurthe ; la colonne de gauche, sous le lieutenant-colonel de Khuon, quitta Raon à 7 heures et suivit sur la chaussée la rive droite de la rivière. Le major Kieffer avait l'ordre d'éclairer les routes de Rambervillers et de Bruyères qui se réunissent à Nompatelize, de couvrir le flanc de ce côté, et de contourner Saint-Dié au sud. La colonne suivant la chaussée devait attaquer Saint-Dié de front. Un brouillard très-épais empêchait l'observation des environs et comme les patrouilles avaient essuyé un feu assez vif près de Nompatelize et de la Voivre, on arrêta les colonnes sur la hauteur d'Étival. Vers 9 heures le temps s'éclaircit assez pour pouvoir reprendre la marche en avant.

Le combat s'engagea bientôt sur toute la ligne; du côté des Badois il y avait au feu 20 compagnies et 2 batteries, ce qui, eu égard aux divers détachements commandés pour les réquisitions, fournit tout au plus 3,800 hommes, qui se battirent pendant sept heures consécutives avec acharnement contre un adversaire qui avait au moins le double de ces forces; pourtant il fut battu et forcé à la retraite; on lui prit près de 600 prisonniers et ses pertes en tués et blessés ne furent pas moins grandes; il abandonna 7 à 800 tués et blessés sur le champ de bataille. Les Français étaient commandés par le général Petevin et comptaient environ 14,000 hommes avec une dizaine de canons. Les pertes des Badois étaient de 22 officiers et 382 hommes, tués et blessés.

Après une série de petits combats toujours suivis de succès, le 14e corps d'armée allemand, sous le général de Werder, eut, le 22 octobre, une rencontre nouvelle, plus sérieuse, avec l'armée française de l'Est; elle refoula, après un combat opiniâtre, deux divisions, sous le général Cambriels, au delà de la petite rivière de l'Oignon, et les força à se retirer sur Besançon.

Dans sa marche de Vesoul jusqu'à l'Oignon, sur une distance de sept à huit lieues environ, la division badoise commandée par le général de Beyer, dut gagner le terrain très-accidenté pas à pas, dans plusieurs petits combats.

Dans les environs des villages de Rioz et d'Etuz, le général Cambriels commença à opposer une résistance plus énergique pour empêcher la marche en avant du 14e corps allemand. La brigade du général de Degenfeld, formant l'avant-garde, maintint le combat jusqu'à ce que les brigades du prince Guillaume de Bade et du général de Keller vinssent à son secours : l'ennemi résista opiniâtrément et le combat devint fort vif et acharné ; mais enfin le général français fut refoulé au delà de l'Oignon, et, chassé du village Auxon-Dessus, dut se retirer sur Besançon; deux bataillons du 30e régiment prussien de la réserve firent la poursuite. Les pertes des Allemands furent insignifiantes, 3 officiers et une centaine d'hommes, surtout si l'on considère qu'en prisonniers seulement les Français laissèrent 15 officiers et 180 hommes entre les mains des Allemands. Le combat commença à environ 11 heures du matin, et vers la soirée les Français étaient en pleine retraite.

Le général de Werder continua le 24 octobre sa marche par la Chapelle-sur-Gray. Le 27 octobre un bataillon du 1er régiment des grenadiers badois eut une rencontre près d'Epertenne dans laquelle il prit aux Français 500 prisonniers et un bataillon du 2e régiment de grenadiers badois leur fit 50 prisonniers près de Saint-Seine.

Le corps de Werder, arrivé à Gray, reçut le 29 octobre l'ordre de revenir à Vesoul, cependant sur l'avis d'une de ses patrouilles de reconnaissance que la ville de Dijon n'était point occupée par les Français, le général de Werder y envoya le lieutenant-général de Beyer avec les brigades du prince Guillaume de Bade et Keller, avec ordre d'en prendre possession. Mais dans la nuit du 29 au

30 octobre les Français avaient de nouveau occupé la ville, de sorte qu'un combat devint inévitable.

Cinq bataillons avec six batteries attaquèrent les hauteurs de Saint-Apolinaire qui furent prises après un combat assez dur : l'engagement se continua encore dans les faubourgs de la ville, mais vers la nuit il cessa et les troupes furent retirées des faubourgs. Pour briser la résistance de l'ennemi on lança sur la ville quelques grenades qui allumèrent bientôt l'incendie sur divers. points, mais les dommages ne furent pas aussi grands que l'on avait pensé d'abord.

Les troupes françaises abandonnèrent la ville pendant la nuit et la municipalité vint offrir la capitulation, de sorte que le 31 octobre le général de Beyer l'occupa avec ses troupes ; les pertes des Allemands furent de 250 hommes environ en tués et blessés ; celles de l'ennemi sont de 160 morts et 300 blessés; de plus, ils laissèrent 103 prisonniers non blessés entre les mains de l'ennemi; le colonel Fauconnet, commandant les Français, tomba pendant le combat à Saint-Apollinaire. Les forces françaises se composaient d'environ 8 bataillons et une compagnie de chasseurs ; mais la plupart étaient des mobiles.

La ville de Dijon, chef-lieu du département de la Côte-d'Or, compte environ 38,000 habitants et offre une position très-avantageuse comme point central de plusieurs chemins de fer.

Le général de Werder retourna, suivant les ordres reçus à Vesoul, qu'il fit occuper par une partie de ses troupes, et, après avoir rétabli ses communications entre la ligne du Rhin et de la Moselle, il se fit rejoindre par la 4e division de réserve, général de Schmeling, devenue disponible par la capitulation de Brisach, pour reprendre l'offensive ; son corps se concentra entre Auxonne et Pontailler, le long de la Saône ; il fit rétablir près de Pontailler un pont sur la Saône, car celui de la ville avait été détruit. Le 13 on occupa le terrain en avant d'Auxonne, mais cette place forte avait été mise en état de défense, bien que l'on ne rencontrât nulle part dans ses environs des troupes ennemies. Les francs tireurs, assez nombreux dans cette contrée, s'étaient réfugiés dans les montagnes du Jura et de la Côte-d'Or, ils profitèrent pourtant de la seule journée pendant laquelle les Allemands avaient laissé Dijon innoccupé pour y jeter quelques troupes ; à l'approche du corps de Werder, ils se retirèrent de nouveau, et le 14 ce général prit son quartier avec deux brigades dans la ville et ses environs, tandis que deux autres colonnes s'avancèrent par Genlis vers Nuits et Saint-Jean de Losnes. Près du dernier endroit il y eut une petite rencontre, comme du reste dans presque tous les villages occupés par les avant-postes allemands que les francs tireurs harcelèrent continuellement.

Les 26 et 27 novembre, les Allemands furent attaqués devant Dijon par les garibaldiens, mais cette attaque réussit si mal que le jour suivant les assaillants se retirèrent dans leurs anciennes positions à Autun. Le 25 les avant-postes allemands établis à Plombières et près de Courcelles sur les hauteurs s'aperçurent qu'ils avaient en face des forces plus grandes et mieux organisées que les bandes de francs tireurs. Toute la journée il y eut des escarmouches vers Velars et sur les hauteurs près de Lantenay. Pour s'assurer s'il y avait derrière ce rideau d'éclaireurs ennemis des forces plus grandes on ordonna une grande reconnaissance pour le 26 dans la direction de Val-Suzon et de Pasques. C'est le général de Degenfeld qui fut chargé de cette opération, pour laquelle on mit sous ses ordres deux bataillons du 3e régiment et un bataillon du 4e régiment d'infanterie, deux escadrons de dragons et une batterie.

A quatre heures du matin, l'avant-garde se mit en marche, et le gros suivit à six heures. Arrivé à Darvis on détacha des patrouilles sur Val-Suzon et Prénois, dans le fond de la vallée on rencontra des patrouilles ennemies, qui se retirèrent sur Francheville; mais du côté de Prénois, on reçut des nouvelles plus sérieuses; les éclaireurs allemands envoyés vers Pasques et Lantenay rapportèrent que les garibaldiens s'avançaient en forces. Sur cet avis le général de Degenfeld marcha aussitôt sur Prénois au-devant de l'ennemi, ne laissant à Val-Suzon qu'un bataillon en observation. Les garibaldiens appuyaient leur aile gauche à Pasques, situé sur la route allant de Plombières à Saint-Seine et à Châtillon-sur-Seine; l'aile droite avait pris une position très-avantageuse pour la défensive dans les bois, à l'est de Pasques.

Les Allemands qui avaient pris position à Prénois ne purent de là reconnaître les forces des garibaldiens qui se tenaient sur la défensive et attendaient l'attaque; les premiers envoyèrent donc deux compagnies en avant pour attaquer sur les deux ailes et forcer, si possible, les garibaldiens à développer leurs forces. On y parvint et bientôt les garibaldiens démasquèrent 2 batteries de 6 pièces chacune, et l'on vit que l'on avait affaire à 8 ou 9 bataillons et un escadron de cavalerie; d'après le dire de quelques prisonniers garibaldiens, il y avait 6 1/2 bataillons, plus 8 bataillons de gardes mobiles, à part les armes spéciales déjà énumérées, sous le commandement de Garibaldi et de ses fils. Les détachements de reconnaissance allemands furent rappelés et se rendirent par Darvis vers Talant, en tâchant d'attirer l'ennemi hors de ses positions avantageuses; on reprendrait, dans ce cas, l'attaque le lendemain; les troupes allemandes essuyèrent pendant cette retraite simulée un feu très-nourri de l'infanterie ennemie, et un feu très-violent de shrapnels, mais rien ne put troubler leur marche; la cavalerie garibaldienne essaya également une charge bien exécutée du reste, sur quelques compagnies du 3e régiment, mais elle fut repoussée avec des pertes sérieuses; la plupart des hommes restèrent sur le terrain. Près de Darvis une batterie allemande prit position et força la batterie ennemie et les colonnes qui poursuivaient d'arrêter leur mouvement; vers trois heures l'action était finie et n'avait coûté que quelques blessés à l'arrière-garde allemande. D'après les rapports du général de Degenfeld, le général en chef de Werder prit donc ses dispositions pour le combat du lendemain; elles avaient pour but de cerner l'ennemi, mais Garibaldi aussi prit ses dispositions. Il s'avança avec le gros de sa colonne jusqu'au delà de Darvis sur la route de Dijon et poussa, protégé par la nuit, son avant-garde jusqu'à Hauteville et le ravin montant de Plombières vers la chaussée, très-près des avant-postes allemands. Vers 7 heures, à la nuit close, il donna ordre d'attaquer par surprise les positions des Allemands près de Talant avec toutes ses forces; il espérait probablement entrer cette même nuit dans cet endroit et y organiser un combat de rue comme dans la surprise du bataillon de la landwehr prussienne à Châtillon.

Les garibaldiens avancèrent en colonnes serrées ; les avant-postes allemands se replièrent naturellement sur leurs soutiens et avec ceux-ci sur le gros ; mais la surprise ne fut pas de longue durée ; le bataillon Unger posté à Daix avait reconnu le danger et accourut au secours des avant-postes ; trois fois les garibaldiens renouvelèrent l'attaque, chaque fois on les laissa approcher à cinquante pas, et alors un feu rapide et bien dirigé les fit tomber par rangées. Après la troisième attaque, vers 8 heures et quart ils commencèrent à fuir, en désordre, abandonnant le champ couvert de morts et de blessés, d'armes et de pièces d'équipement ; les pertes des Allemands ne montèrent qu'à 43 hommes et 5 officiers hors de combat.

Le lendemain 27, les Allemands furent sous les armes dès la pointe du jour, mais on attendit jusqu'à 8 heures pour laisser aux deux colonnes envoyées en avant le temps de prendre les garibaldiens en flanc et en arrière. A 8 heures les patrouilles d'éclaireurs avancèrent vers la position ennemie, ne rencontrèrent que peu de résistance, et virent bientôt que les garibaldiens avaient abandonné la position pendant la nuit. La poursuite fut entreprise aussitôt avec énergie ; le détachement seul du colonel Renz put rejoindre l'arrière-garde ennemie et la forcer à accepter le combat, mais la résistance ne fut pas longue et Pasques fut pris du premier coup. Pendant ce temps les garibaldiens essayèrent un retour contre l'aile gauche des Allemands en sortant du bois de Lantenay, mais sans succès ; il ne restait plus qu'à déloger les garibaldiens de ce bois, mais lorsqu'un bataillon l'aborda ils ne firent plus de résistance et Lantenay même fut occupé vers 4 heures par la brigade Keller. — Les Allemands évaluèrent les forces ennemies à environ 4,000 hommes ; ils trouvèrent sur le champ de bataille pendant ces deux journées 400 morts et blessés et firent 200 prisonniers non blessés. — Le correspondant du *Daily News*, qui accompagne le quartier général de Garibaldi, avoue aussi que la retraite avait dégénéré en fuite, mais que la faute en est aux mobiles qui perdirent la tête. Son rapport est du reste d'accord avec celui que nous citons, même pour le nombre des hommes mis hors de combat.

Le 29 novembre la brigade Keller occupa Sombernon en chassant devant elle l'ennemi battu.

Le 16 décembre le général von der Goltz, qui cernait la forteresse de Langres, força un corps de 6,000 Français à abandonner sa position assez forte près de Longeau après un combat de trois heures ; les Allemands perdirent un officier et 30 hommes, et les Français environ 200 hommes parmi lesquels 64 prisonniers non blessés, 2 canons et 2 voitures de munitions.

Le 18 décembre eut lieu le combat près de Nuits. Nous allons en donner également le rapport détaillé, car, d'après les premières nouvelles françaises, on tâchait de représenter cette affaire comme un succès pour les armes françaises.

D'après les rapports des avant-postes et patrouilles de reconnaissance allemandes, on était sûr au quartier général allemand que les Français avançaient leur première ligne de défense de Beaune plus au nord dans les environs de Nuits derrière le ruisseau de la Voge. De là on dut donc aussi s'attendre à voir partir des attaques sérieuses contre les troupes allemandes concentrées autour de Dijon, faisant partie du 14e corps d'armée, et que l'activité des autres parties de ce corps pourrait être empêchée. — Le général en chef décida de déloger l'ennemi de cette nouvelle ligne défensive près de Nuits et de porter en même temps un coup à la nouvelle armée de Lyon, en train de se reformer depuis la retraite des troupes du général Michel. C'est le général de division de Glümer, commandant la division badoise, composée de 2 brigades d'infanterie, d'une brigade de cavalerie et de l'artillerie correspondante, qui fut chargé de ce mouvement. Le général de Glümer prit les dispositions suivantes : le gros de sa division, sous son commandement personnel, comptant 8 bataillons, 6 escadrons et 5 batteries marcherait de Dijon par Longvic, Saulon-la-Rue, Épernay, Boncourt, vers Nuits, par conséquent traverserait la plaine et les premiers contre-forts de la Côte-d'Or, pour aborder l'aile droite de l'ennemi. Dans la montagne cette marche du gros serait côtoyée par un détachement de 2 bataillons avec une batterie et 3 pelotons de cavalerie, sous les ordres du général de brigade de Degenfeld, qui occupait déjà le 17 le village d'Urcy, et se rendit de là le 18 au matin par Quemigny, Ternant, vers Villars-Fontaine; un autre bataillon partit de Corcelles le long des hauteurs par Chambœuf sur Concourt. Arrivés au ravin du ruisseau de Meuzin, ces deux colonnes de l'aile droite prendraient part, suivant les circonstances, au combat de Nuits, et dans ce cas devaient attaquer ou marcher sur les hauteurs de Chaux à l'ouest de Nuits. Pour maintenir les communications entre ces deux principales attaques un bataillon et un peloton de cavalerie, s'avancèrent par la grande route directement sur Nuits en passant Gevrey et Vougeot.

Suivant ces dispositions, le gros partit de Longvic à 7 1/2 heures du matin, le 18 décembre ; les colonnes dans la montagne se mirent en marche déjà à 5 1/2 heures d'Urcy et de Corcelles, et le détachement sur la chaussée suivit à 8 heures.

Près de Fenay et du parc de Saulon-la-Rue, situé en arrière du premier endroit, la cavalerie de l'avant-garde fut reçue par des coups de feu. Les Français avaient posté là une compagnie des éclaireurs du Rhône, mais elle fut attaquée subitement par une compagnie du 1er régiment des grenadiers badois, et refoulée après un léger combat par Burges, Broindon, Épernay, Saint-Bernard sur Boncourt. On envoya deux autres compagnies et deux pelotons de cavalerie en avant pour éclairer le terrain très-coupé au sud de Dijon. Vers midi, l'avant-garde, sortant du bois au nord de Boncourt, rencontra une résistance plus sérieuse. L'avant-garde se déploya ; et après une courte fusillade, elle s'élança du bois, et prit Boncourt assez facilement. Le combat devint plus énergique dans les vignes et les petits bouquets de bois au nord-ouest de Boncourt, mais là aussi il ne dura pas longtemps et ces points furent vers une heure de l'après-midi enlevés par les troupes allemandes, ainsi que la ferme de la Berchère, qui était défendue par un bataillon du 32e régiment de marche français. La batterie de l'avant-garde allemande joua très-efficacement contre l'ennemi en retraite vers le remblai et la coupure du chemin de fer. Le 1er bataillon du 1er régiment des grenadiers badois occupa Agencourt sans combat. De cette position, entre La Berchère et Agencourt, les Allemands virent l'ennemi près de Nuits en forces assez considérables; toute la ligne du chemin de fer, du pont sur le ruisseau de Meuzin jusqu'à Fontaine de Vosne, était fortement occupée par lui et il envoya aux Allemands un feu précipité, très-nourri. Sur la chaussée on aperçut de fortes colonnes françaises en marche de Vougeot vers Nuits; d'autres troupes furent signalées avançant de Beaune, et vers 2 heures on vit même deux trains arriver de cette direction et débarquer des soldats. L'artillerie française couronnait les hauteurs à l'ouest de Nuits d'où elle dominait tout le terrain de l'attaque.

Après avoir fait appuyer la batterie d'avant-garde par deux autres batteries, la division badoise prit position à l'ouest de Boncourt et bientôt l'attaque contre la ligne du chemin de fer commença; les Allemands ayant un terrain presque découvert d'environ 1,500 pas à parcourir, subirent de pertes assez sensibles, mais peu à peu ils gagnèrent du terrain, et le bord est de la coupure du chemin de fer fut atteint à 3 1/2 heures de l'après-midi. Un bataillon des grenadiers s'empara de la gare à l'extrême gauche des Allemands, et deux autres compagnies allant sur Fontaine-de-Vosne, à droite, complétèrent la prise de la ligne du chemin de fer. Les Français résistèrent bravement, se laissant approcher jusqu'à 50 pas, à quelques endroits même on se battit à l'arme blanche; c'est dans ce combat que le prince Guillaume de Bade fut blessé, et le colonel Renz, ainsi que son adjudant tombèrent près de cette ligne. L'ennemi se retira enfin vers

Nuits et le feu de l'Infanterie badoise put encore l'atteindre en lui infligeant des pertes assez grandes. L'artillerie badoise rendit aussi de bons services, mais les batteries françaises, 16 à 18 pièces, furent également bien servies et, établies en étagère, elles endommagèrent beaucoup par leur feu très-précis les batteries allemandes.

Enfin on entreprit la dernière tâche de cette journée déjà bien remplie, on fit l'attaque de Nuits. Tous les bataillons de la division badoise fournirent des détachements pour l'assaut ; la batterie Porbeck avançant jusqu'à 800 pas de la ville rendit des services excellents, mais après avoir perdu un quart des hommes et la moitié des chevaux, elle dut se retirer. La batterie Holtz avança sur l'aile droite en face de la ville, et les batteries de Froben et Hecht occupèrent l'artillerie française et la forcèrent plusieurs fois à changer de position. Vers 5 heures les Français furent mis en pleine retraite, l'artillerie seule continua son feu jusqu'à la tombée de la nuit.

Les pertes des Allemands étaient graves, mais ils avaient réussi ; les Français, eux-mêmes, ont accusé 2,000 hommes hors de combat ; les Allemands firent plus de 700 prisonniers non blessés, dont 16 officiers ; à Nuits, on trouva encore le colonel Celles, blessé mortellement.

Les Français déployèrent environ 15 bataillons dans ce combat, avec 16 à 18 canons, commandés par le général Cremer.

Depuis le commencement du mois de janvier des événements sérieux se préparaient dans les provinces de l'Est et dans les Vosges. Le général Bourbaki avec quelques parties de l'armée de la Loire, et d'autres forces concentrées autour de Bourges et de Nevers, marcha vers le sud-est pour se réunir aux troupes de Garibaldi et à l'armée de Lyon, sous les ordres du général Bresolles ; son but était évidemment de porter un coup décisif contre le 14ᵉ corps allemand, sous le général de Werder. De plus, le ministre de la guerre, Gambetta, voulait faire débloquer Belfort et de là diriger les opérations sur Nancy pour menacer les communications des armées allemandes avec leur pays (1). Dans ce but, Bourbaki se dirigea avec plusieurs corps vers le département de la Côte-d'Or ; Garibaldi avança vers Dijon avec quatre brigades, de la cavalerie, de l'artillerie, avec les *francs tireurs de la Mort*, *les Enfants perdus de Paris* et d'autres corps espagnols et génois. Le général Bresolles marcha avec 30 ou 40,000 hommes le long de la frontière suisse vers Belfort ; le rendez-vous pour toutes ces forces était Montbéliard, pour de là pousser une pointe vigoureuse

(1) Ce plan exécuté avec une armée solide et bien approvisionnée, aurait pu avoir une influence très-grande sur la guerre, mais ici, encore une fois, M. Gambetta oubliait l'ennemi qu'il avait à combattre. De plus, l'armée de Bourbaki était très-mal disciplinée, très-mal équipée et encore plus mal approvisionnée, de sorte que Bourbaki paraît avoir pris la direction de cette opération à contre-cœur, prévoyant la non réussite avec les forces qu'on lui donnait. Du reste, la fin a prouvé que Bourbaki avait raison. Que dire alors du ministre de la guerre qui agit avec une telle légèreté ? Ne fait-il pas pendant au célèbre M. Ollivier, l'homme *au cœur léger ?* Si quelqu'un devait être mis en accusation et traduit devant un conseil de guerre, c'est certes M. Gambetta, qui a presque toujours laissé manquer les troupes de ce dont elles avaient le plus besoin pendant ce rude hiver, équipement, nourriture et service sanitaire. L'administration militaire républicaine fut encore plus mauvaise que sous le régime impérial, mais ce furent les conséquences de cette légèreté qui faisaient croire que de belles proclamations suffiraient pour créer des armées !

contre les positions allemandes dans le département du Haut-Rhin.

En face de toutes ces forces, le général de Werder fut donc forcé de concentrer autant que possible les siennes ; il abandonna d'abord sa position avancée à Dijon et exécuta, malgré le terrain très-difficile et le temps le plus affreux, son mouvement stratégique, rassemblant toutes ses troupes le long de la ligne du chemin de fer Vesoul-Montbéliard dans une position qui lui permit non-seulement d'empêcher le débloquement de Belfort, mais aussi de faire face au besoin à un ennemi supérieur en forces. Le manque de bonne cavalerie contribua beaucoup à laisser les commandants français dans l'incertitude sur les mouvements de l'armée allemande ; de plus, les craintes de Bourbaki d'être pris en flanc, ainsi que la marche plus que lente de Garibaldi, ôtèrent au général de Werder toute crainte d'une surprise.

Le 9 janvier, les deux armées se rencontrèrent ; les rives de l'Oignon, où le général de Werder avait déjà combattu victorieusement, furent de nouveau le champ de bataille.

Le général de Werder partit de Vesoul au-devant des Français ; près de Vallerois, à 7 kilomètres environ au sud de la première ville, dans sa marche sur Villersexel il tomba sur le flanc du 20ᵉ corps français, commandé par le général Clinchamp (1). Le général de Werder prit

(1) Ce général dans une lettre publiée récemment prétend que c'est la communication incomplète de la nouvelle de l'armistice qui est cause du désastre de l'armée de Bourbaki ; mais on verra plus loin que le désastre avait commencé avant la conclusion de l'armistice, et l'eût-on même communiqué tout au complet, l'armée française que Bourbaki jugeait déjà incapable d'entreprendre cette expédition avant d'en prendre le comman-

Vallerois, força l'ennemi de développer encore quelques troupes du 18e corps, du général Billault, et refoula toutes les attaques des Français, en leur prenant 16 officiers, plus de 500 hommes et 2 drapeaux. Le jour avant quelques bataillons du 7e corps prussien, en marche pour renforcer de Werder, livrèrent un combat heureux contre quelques corps de francs tireurs de l'armée de Garibaldi. Entre-temps le siége de Belfort continuait, et le général de Treskow refoula, dans plusieurs combats d'avant-postes, les sorties de la garnison de cette forteresse.

Remarquons encore que ces succès furent obtenus avant que les renforts destinés à l'armée de Werder purent lui parvenir. En vue des événements dont l'Est allait être le théâtre et de la concentration de forces plus importantes, le commandement en chef de cette armée allemande du Sud fut confié au général de Manteuffel, qui venait de battre Faidherbe dans le Nord ; mais avant qu'il pût arriver en ligne avec les troupes qu'il amenait, de Werder avait déjà battu Bourbaki, et les troupes sous les ordres de Manteuffel n'eurent plus qu'à lui couper la retraite vers le Sud et l'acculer à la frontière suisse.

Le général de Werder, après avoir refoulé les Français et pris Villersexel, quitta cette ville pour continuer sa marche vers Belfort ; l'abandon de cet endroit fut exploité par les télégrammes français comme une victoire, mais Werder continua sa marche sans être inquiété le moins du monde et prit devant Belfort les positions qu'il avait choisies et désignées d'avance ; il est donc évi-

dement, n'aurait pu se frayer un chemin à travers les Allemands. On aurait eu une boucherie de plus, mais le résultat final aurait été le même, peut-être plus désastreux encore.

dent que si les Français avaient eu la victoire à Villers-exel, ils n'auraient point laissé faire le général allemand aussi tranquillement, mais auraient au contraire poursuivi l'avantage obtenu. Werder prit position derrière la Lizaine, un ruisseau à 8 kilomètres environ au sud-ouest de Belfort. Dans cette position, faisant front vers l'ouest, qui s'étendait à droite jusque vers Chagey, à 10 kilomètres à peu près au nord de Montbéliard, il fut attaqué le 15 par l'armée française, se composant, suivant les apparences, de quatre corps ; mais toutes les attaques, renouvelées plusieurs fois, furent refoulées, sans grandes pertes pour les Allemands.

Ce jour-là le combat dura du matin jusqu'à la nuit sur toute la ligne ; du côté des Allemands, c'est l'artillerie surtout qui donna, voilà le motif des pertes peu importantes des Allemands. L'armée du général de Werder, en comptant une partie des troupes prises au corps assiégeant Belfort, montait à environ 60,000 hommes, d'après d'autres indications seulement à 40,000 ou 50,000 hommes ; pour renforcer sa position on avait élevé des retranchements côtoyant la Lizaine et l'Allaine, qui avaient comme centre Montbéliard avec son château fortifié. — Dans l'attaque du 16, Bourbaki à son tour fit jouer l'artillerie surtout, mais la position des Allemands étant plus élevée que celle des Français, l'artillerie de ces derniers fut impuissante. Dans la nuit du 16 au 17, Bourbaki essaya un mouvement tournant vers le Nord par Couthenans et fit une pointe sur Chagey et Chenebier, tandis que d'autres troupes attaquèrent près de Bethoncourt, pour empêcher l'aile gauche de venir appuyer la droite des Allemands ; mais de Werder avait prévu ce mouvement et la position avait été renforcée déjà ; les brigades Keller et Degenfeld firent reculer les Français près de Frahier et Chenebier, maintinrent leurs positions et chassèrent l'ennemi au delà de Chenebier en lui prenant beaucoup de bagages et plus de 400 prisonniers. Pendant ce combat, il y eut près de Montbéliard et de Luze une forte canonnade, mais sans résultat pour les Français. Les pertes des Allemands pendant ces trois journées sont évaluées à 1,200 hommes environ. Le 18, Bourbaki voulut renouveler l'attaque, mais ses troupes commencèrent à se désorganiser ; vers midi il apprit l'approche d'un nouveau corps allemand, avançant de Gray vers Vesoul, et voyant ses efforts inutiles, craignant d'être menacé ou coupé de sa ligne de retraite il se replia vers le sud-ouest pour gagner la route de Besançon. Le 21 une brigade prussienne attaqua Dijon pour y occuper les garibaldiens, les maintenir dans leurs positions, et donner le temps aux troupes du général de Manteuffel de tourner cette ville au Nord et à l'Est, afin de couper la retraite à Bourbaki. En effet la brigade prussienne réussit dans cette manœuvre ; elle se battit toute la journée, forte seulement de 6,000 hommes au plus, contre 20,000 garibaldiens, du moins ce chiffre est indiqué dans les journaux français, et ne se retira que vers la nuit ; dans ce combat acharné et sanglant le 61e régiment prussien perdit son drapeau (1) ;

---

(1) Une lettre d'un des fils de Garibaldi adressée au quartier général de Versailles, constate que ce drapeau a été *trouvé* sur le champ de bataille sous un monceau de cadavres, par conséquent il n'a pas été pris. La lettre a été publiée dans *l'Indépendance belge* du mois de février et elle fait honneur à la loyauté du fils de Garibaldi. Du reste sous ce point de vue, cette famille est au-dessus de tout éloge.

nous croyons que c'est le seul que les Allemands aient perdu durant cette guerre. Pendant ce combat, les autres troupes allemandes arrivèrent à Dôle et surprirent à la gare de Saint-Vit, entre Besançon et Dôle, un convoi de 33 wagons de vivres.

Dès le 19, le général de Werder poursuivit les troupes de Bourbaki ; les autres corps allemands commandés par Manteuffel occupèrent Saint-Vit, Quingey et Mouchard, point de jonction des chemins de fer, et coupèrent ainsi aux Français leur ligne de retraite ; ceci eut lieu dès le 25 janvier. Le 29 les avant-gardes allemandes et la 14e division atteignirent à l'ouest de Pontarlier sur la frontière suisse, l'armée française qui se retirait. Sombacourt et Chaffois furent pris d'assaut ; on fit environ 3,000 prisonniers et l'on captura 6 canons.

Le 28, on télégraphia de Berne que des détachements français se réfugiaient sur le territoire suisse, et cela continua les jours suivants, jusqu'à ce que le général Clinchamp commandant à la place de Bourbaki qui avait tenté de se suicider, signa le 1er février, à 5 heures du matin, une convention avec le général suisse Herzog, d'après laquelle près de 82,000 hommes furent internés en Suisse avec 250 canons environ.

Bourbaki, dans une dépêche adressée à Bordeaux, avoue sa défaite ; il parle bien d'un ennemi très-nombreux, mais il est clair que d'après le nombre des troupes internées en Suisse, les 8,000 hommes environ qui purent s'échapper, les pertes d'environ 10,000 hommes, pendant les trois jours de combat, et les nombreux prisonniers faits par les Allemands, l'armée de Bourbaki devait s'élever à plus de 100,000 hommes, sans compter le corps de Garibaldi. Il faut avoir lu les journaux suisses décrivant l'état dans lequel l'armée française est entrée dans ce pays, pour comprendre avec quelle légèreté le ministre de la guerre avait agi en ordonnant cette expédition, sans veiller à ce que les troupes fussent bien équipées et bien nourries ; les malheureux soldats avouaient n'avoir rien mangé depuis deux jours. Malgré cela, le général Clinchamp ose prétendre, comme nous le disions déjà plus haut, qu'elle aurait pu se sauver de sa terrible position ! Toujours les mêmes illusions et la même vanité !

Pour compléter le récit des événements dans l'Est, nous devons parler des siéges de Bitche, Phalsbourg, Schlettstadt, Brisach et Belfort.

Commençons par *Bitche*, un insuccès pour les troupes allemandes. Cette petite forteresse est située sur un rocher qu'il est impossible de prendre d'assaut, car il n'y a qu'un seul chemin étroit bien défendu par les ouvrages et bien gardé qui conduit dans la ville et la forteresse, formant plusieurs étages. Déjà au mois d'août, un détachement bavarois y fut envoyé pour commencer le bombardement de la ville, mais sans autre résultat que d'incendier la ville en plusieurs endroits. Ce bombardement plusieurs fois répété à des intervalles plus ou moins éloignés, détruisit la malheureuse petite ville complétement, de sorte qu'il ne reste guère que trois maisons habitables. Les Allemands voyant l'inutilité de leurs efforts, et ne voulant pas laisser devant cette place peu importante un corps assez fort pour la forcer par la famine, ce qui du reste aurait pu durer très-longtemps, car on avait très-bien approvisionné la ville, retirèrent la plus grande partie de leurs troupes ainsi que le matériel de siége, et se contentèrent d'y laisser deux bataillons pour observer la place.

Phalsbourg est une petite ville et forteresse également de peu d'importance, si ce n'est qu'elle commande un des principaux défilés des Vosges, située comme Bitche sur une hauteur très-forte. Elle fut moins heureuse que Bitche Après un siége de 17 semaines, elle dut se rendre à discrétion le 12 décembre, n'ayant plus de vivres. Contre elle aussi les Allemands avaient essayé le bombardement, mais sans intimider les habitants, ni la garnison ; 57 maisons ont été détruites ; lorsque les Allemands y entrèrent le 14 décembre, ils y trouvèrent un triste spectacle. Le roi de Prusse pour honorer la garnison pour sa belle résistance, permit aux officiers de garder leur épée.

On y trouva 65 canons, les fusils avaient été brisés par la garnison ; on fit prisonniers 53 officiers et 1838 hommes, appartenant à la ligne, aux turcos et à la garde mobile ; ces hommes firent très-bonne impression par leur attitude calme et digne. Ceci n'eut pas lieu dans les autres forteresses de l'Alsace, où les garnisons offrirent un spectacle de démoralisation triste à contempler ; nous citerons Strasbourg et Schlettstadt.

Schlettstadt (ou Schelestadt suivant les Français) est une ville d'environ 11,000 habitants, autrefois chef-lieu du département du Bas-Rhin ; elle est située sur la rive gauche de l'Ill et entourée de prairies, de bois et de hauteurs. Cette place domine le chemin de fer qui passe à une très-courte distance, à l'ouest de la ville, et qui relie Lyon par Besançon et Belfort à Strasbourg.

De plus, elle est à proximité de l'entrée de la vallée par laquelle passent les deux routes conduisant par

Sainte-Marie-aux-Mines et par Viller et Calas vers Saint-Dié dans la vallée de la Meurthe, c'est-à-dire à Lunéville. Dans le dernier temps, la situation de cette place est devenue encore plus importante par l'ouverture du chemin de fer à travers les Vosges vers Lunéville et Nancy. La ville et la forteresse sont situées entièrement dans la plaine, s'appuyant à l'est à la rivière et quelques autres petits courants d'eau, qui, joints au terrain marécageux, défendent le front de la forteresse de ce côté. Comme forteresse, elle compte parmi les places de 2ᵉ classe; les ouvrages entourent toute la ville, formant un tracé régulier bastionné avec ravelins, et des fossés remplis d'eau à quelques endroits.

Dès le 9 octobre la place fut cernée par des troupes de la 4ᵉ division de réserve prussienne, sous le général de Schmeling; le gouverneur de la forteresse, comte de Reinach, refusa de rendre la place, disant : « Mes conditions seront les canons. »

Il fallut donc commencer le siége en règle et faire venir de Strasbourg le matériel nécessaire. Le 20 octobre, les Allemands eurent terminé leur première batterie, garnie de 6 canons, placée du côté du terrain des inondations; la ville, qui a subi plusieurs siéges, n'avait jamais été attaquée de ce côté. Dans la nuit du 22 au 23 octobre, la première parallèle fut ouverte, opération qui ne coûta que 3 morts aux assiégeants. Le lendemain, on put ouvrir contre la place le feu de 6 batteries, comptant 32 pièces. La forteresse répondit d'abord vivement par 30 de ses canons, mais le tir des batteries allemandes était tellement juste et efficace que sur les 30 pièces françaises, 24 furent démontées et dans la matinée du 24, le drapeau blanc fut arboré par les Français. Les troupes de la garnison française étant ivres pour la plupart, refusèrent obéissance à leurs officiers, pillèrent avec la populace les magasins de la ville et incendièrent plusieurs maisons; elles voulurent même-faire sauter les poudrières, ce que les officiers cherchèrent à empêcher, mais avec beaucoup de peine. Le comte de Reinach dut se rendre hors la ville pour signer la capitulation, mais avant que le général prussien de Schmeling pût y apposer sa signature, il fallut envoyer 3 bataillons prussiens en ville, sur la demande du comte de Reinach, pour protéger les poudrières et contenir la garnison. Celle-ci quitta la place à 4 heures de l'après-midi, elle se composait de 100 officiers et environ 2,000 hommes; le nombre des canons montait à 120 pièces, dont 49 rayés; on trouva de plus une grande quantité de tabac, d'approvisionnements et d'autre matériel. Le 25 octobre, à 11 heures du matin, le général de Schmeling fit son entrée dans la ville.

Neuf-Brisach, petite ville sans importance aucune comme telle, mais comme forteresse beaucoup plus forte que Schlettstadt. Elle fut cernée également le 9 octobre par une partie des troupes du général de Schmeling, et le siége commença après la capitulation de Schlettstadt. Ici on rencontra des difficultés assez grandes, car les fortifications en elles-mêmes sont plus importantes, et défendues par une garnison plus nombreuse qui pouvait s'abriter entièrement dans les casemates. De plus, le fort Mortier, situé au nord-est de la place, à environ 2,500 pas, très-proche des bords du Rhin, défend ce front de la place contre les approches de ce côté. Le terrain environnant la ville est entièrement plat et très-pierreux, n'offrant

9.

aucun abri pour l'attaque. On ne perdit pourtant pas de temps du côté des Allemands, pour établir les premières batteries à une distance permettant un tir efficace; on les plaça près de Wolfgangen et de Biesheim. En même temps on bombarda le fort Mortier de la rive droite du Rhin par trois batteries badoises, établies sur les hauteurs de Vieux-Brisach, mais assez éloignées de cette ville pour ne pas lui attirer le feu de l'ennemi. Le combat d'artillerie commença, toutes ces batteries donnant, le 2 novembre et fut continué sans interruption, jour et nuit, jusqu'au moment où le feu du fort Mortier faiblit. Lorsque, dans la nuit du 7 au 8 novembre, les Allemands firent leurs préparatifs pour prendre ce fort d'assaut, le commandant français, capitaine Castelli, offrit la capitulation; dans la même nuit, à deux heures, la garnison du fort, composée de 5 officiers et de 215 hommes, se rendit prisonnière; 6 des 7 pièces qui garnissaient ce fort étaient démontées et le fort n'était plus qu'une ruine.

Après la prise du fort, la résistance de la ville faiblit assez vite; les batteries allemandes de Wolfgangen et de Biesheim, renforcées par quelques mortiers pris à Schlettstadt, continuèrent leur feu énergiquement, et le 10 novembre le drapeau blanc fut hissé sur l'église de Neuf-Brisach. On fit prisonniers 100 officiers et 5,000 hommes environ, parmi lesquels 3 bataillons du 74e régiment de ligne; dans la forteresse on prit 108 canons, 60 chevaux et pas mal d'approvisionnements, dont on remit une partie aux habitants nécessiteux. La ville, comptant environ 3,500 habitants, avait énormément souffert; plusieurs rues étaient totalement détruites. Les pertes des Allemands sont insignifiantes, 8 morts, 18 blessés parmi les artilleurs, plus quelques hommes de l'infanterie.

Belfort possède comme ville 8 à 9,000 habitants ; point central de plusieurs voies de communication très-importantes et de trois lignes de chemins de fer, elle forme pour ainsi dire la porte de l'Alsace du côté du sud. Forteresse de première classe, d'après le système du célèbre Vauban, elle est située dans la plaine aux bords de la Savoureuse, entourée de quelques groupes de montagnes, parmi lesquelles *la Miotte*, a 1,500 pieds, et *le Mont de la Justice*, a 1,300 pieds de hauteur. La plaine est ici d'une largeur de près de 45 kilomètres, touchant au nord le point culminant des Vosges et au sud les contre-forts du Jura; elle peut être traversée en toute saison par de grandes masses de troupes, ce qui n'est pas possible dans les autres passes des Vosges. De ce côté les Français pourraient donc toujours attaquer l'Alsace avec des forces imposantes et se jeter de là dans la Forêt-Noire et inquiéter l'Allemagne du Sud ; voilà pourquoi les Allemands tenaient absolument à s'emparer de cette forteresse et les Français à la bien défendre. La ville est dominée par la citadelle, bâtie sur un rocher presque vertical, s'élevant à 200 pieds au-dessus de la Savoureuse ; en outre, elle possède un camp retranché permanent, appelé le camp du Vallon, qui est défendu par les forts très-importants de la Miotte, de la Justice, des Barres et des Hautes-Perches.

Après quelques petits combats victorieux, la forteresse fut cernée dès le 3 novembre par la 1re division de la landwehr prussienne, sous les ordres du général de Treskow, qui occupa le 9 le château fortifié de Montbéliard. Le quartier général du commandant prussien se trouvait jusqu'au 23 novembre à la Chapelle-sous-Chaux, un village de 500 habitants, situé sur une hauteur de 1,300 pieds, à 15 kilomètres environ au nord-ouest de Belfort. Le 23, le quartier général fut transféré à Fontaine. Après l'occupation de Montbéliard, les avant-postes allemands se trouvaient à Bourogne, sur le ruisseau de Saint-Nicolas, à moitié chemin entre Delle et Belfort. Ce même jour, les Allemands firent une attaque contre le Mont-Salbert, et le 24, la garnison de Belfort fit une sortie vers Valdoie, Chevremont et Montbéliard ; le premier des villages se trouve au nord de la forteresse sur la route qui conduit au Ballon-d'Alsace, le second au sud-est sur la route d'Altkirch.

L'investissement, commencé le 3 novembre, rencontra de grandes difficultés de terrain, de sorte que le cercle dût être très-large et ne pût être complétement fermé. Il était urgent de fortifier les positions conquises sur les Français et de surveiller le terrain plus proche de la forteresse par des patrouilles continuelles ; ceci demanda environ trois semaines, et le 23 novembre on put commencer l'investissement plus étroit. Dans ce but, les Allemands occupèrent Valdoie à 3 ou 4 kilomètres de la forteresse, et fortifièrent cette position par quelques fossés de tirailleurs. En même temps on prit Cravanche, et l'on refoula les Français d'Offemont et de Vetringe, de sorte que le cercle d'investissement fut fermé au nord de la forteresse, et s'étendit de Bavilliers, Chevremont, Perouse vers Cravanche.

Le terrain opposait d'énormes difficultés au transport du matériel de siége, mais, après avoir réussi à réunir l'artillerie nécessaire, la construction des batteries commença dans les premiers jours de décembre, ce que les Français cherchèrent à empêcher par un feu de 70 pièces ; ils ne parvinrent pourtant pas à détruire du matériel aux Allemands, mais ceux-ci perdirent beaucoup d'hommes dans les tranchées. Le 3 décembre, à 8 heures du matin, les Allemands purent ouvrir contre la place le feu de 28 pièces, dont les projectiles tombèrent jusque dans les faubourgs et au pied du château ; les Français répondirent vivement de toutes leurs pièces et les Allemands se virent forcés de retirer quelques-unes des leurs. Ce premier bombardement causa des dommages assez grands à la ville et au fort de Bellevue, puis au fort des Barres et à l'Arsenal. Le 8 et le 9 décembre, le bombardement fut très-violent ; une grande partie du faubourg de France fut détruite, et il y eut beaucoup de personnes tuées et blessées en ville. La forteresse, de son côté, obtint quelques résultats contre le village de Bavilliers, moins à Essert et à Cravanche.

Le 11 décembre, la garnison fit une nouvelle sortie contre les batteries allemandes, au nord et à l'est de la forteresse, mais elle fut refoulée et laissa 40 prisonniers entre les mains des Allemands. Les premières batteries allemandes avaient été établies sur une hauteur entre les villages d'Essert et de Bavilliers, à 3,000 pas environ de la place ; de cette position, elles pouvaient atteindre le fort des Barres, inachevé encore, l'ouvrage de l'Espérance et l'enceinte de la ville, tandis que d'autres batteries tiraient sur le campement et le château. Quelques jours plus tard, on parvint à rapprocher les batteries ; la ville et la garnison prenaient le mal en patience ; bien approvisionnées, elles se défendaient avec courage. Le 16 décembre, les Allemands prirent les bois de Bosmont et le village d'Andelnans; les Français perdirent 91 prisonniers, et les Allemands eurent 81 hommes hors de combat, dont 2 officiers.

Nous ne pouvons suivre le siége dans tous ses détails, car ce ne serait guère intéressant pour nos lecteurs. Dans les dernières semaines, les Allemands emportèrent quelques positions avancées de la place, comme Danjoutin et Perouse, mais un assaut essayé le 26 janvier contre les forts des Hautes et Basses-Perches n'eut pas de succès, et les Allemands durent se replier, en perdant environ 350 hommes. Le 8 février pourtant l'assaut fut renouvelé et les deux forts occupés par les Allemands.

La prise de ces positions mit la ville à peu près à la merci de l'assiégeant, ce qui est prouvé par la demande d'un armistice faite peu après cette action par le colonel Denfert, commandant de Belfort; une dépêche du quartier général allemand à Versailles, datée du 16 février, annonça la capitulation; la garnison sortit avec armes et bagages, et ne livra aux troupes allemandes que le matériel de guerre et la forteresse.

La capitulation eut donc lieu sur l'ordre du gouvernement et il paraît qu'elle formait la condition absolue de la prolongation de l'armistice général; d'un autre côté, il résulte d'une lettre d'un officier de la garnison que par la prise des Perches les Allemands pouvaient prendre les autres forts à revers et bombarder le château, de sorte que la place n'aurait plus pu tenir longtemps.

On sait que cette place restera à la France, d'après les conditions de la paix; mais en revanche on imposa la condition de l'entrée des troupes allemandes à Paris.

Les provinces du Nord.

Après la capitulation de Metz, la 1re armée allemande reçut l'ordre de garder la ligne de la Moselle, d'observer les forteresses du Nord, de les cerner ou d'en faire le siége, ou, suivant les circonstances, opérer contre l'armée française concentrée dans ces provinces. Le 7e corps prussien resta d'abord sur la Moselle, gardant Metz avec l'une de ses divisions et faisant le siége de Thionville avec l'autre ; nous avons déjà vu que cette forteresse capitula le 24 novembre après un bombardement de deux ou trois jours. Le 8e et le 1er corps prussiens se mirent en marche vers le nord-ouest ; le dernier corps envoya une division pour assiéger Mézières, l'autre se dirigea sur La Fère qui se rendit le 27 novembre, et où les Allemands firent 2,000 hommes prisonniers et prirent 70 canons. La Fère est une petite forteresse de peu d'importance, mais il était nécessaire de s'en emparer, parce qu'elle domine le chemin de fer de Laon à Tergnier, point central du chemin de fer du Nord français, route de Paris en Belgique.

Le général de Manteuffel, commandant en chef de la première armée, se dirigea avec le 8e corps, général de Gœben, directement sur Amiens à la recherche de l'armée française du Nord. Le commandement de cette armée avait été confié d'abord au général Bourbaki, mais celui-ci se rendit bientôt à l'armée de la Loire et fût remplacé par un ancien capitaine de frégate, Faurès, nommé général de division. Les données sur la force de cette armée française sont très-divergentes, mais en tous cas, elle parait avoir été plus nombreuse que le 8e corps prussien qui marchait contre elle, car avant les combats qui eurent lieu vers la fin de novembre, elle fut renforcée en troupes régulières par les garnisons des forteresses de la frontière, dont on confia la défense à la garde nationale. D'après le journal *la Liberté*, l'armée concentrée entre Lille et Amiens montait à 100,000 hommes, plus un corps de gardes nationales mobilisées, sous les ordres d'Estancelin, fort de 40,000 hommes, qui se trouvait en Normandie. Il est donc assez naturel, si ces données sont exactes, que les gouvernants de la France comptaient beaucoup sur cette armée, mais nous croyons que ces chiffres sont un peu exagérés.

Les premiers combats commencèrent le 23 novembre entre les avant-postes près de Le Quesnel, dans lesquels l'avant-garde, sous le colonel de Lüderitz de la 3e division de cavalerie allemande, général comte de Gœben, refoula les troupes françaises ; le jour suivant, 6 bataillons français, avec de l'artillerie, eurent le même sort près d'Amiens. Malgré ces insuccès toute l'armée française du Nord offrit trois jours plus tard la bataille au corps du général de Manteuffel, qui, le 27 novembre, avec le corps de Gœben et quelques troupes du premier corps, refoula les Français sur toute la ligne, entre la Selle et la Somme, dans le camp retranché d'Amiens. La victoire des Allemands était décisive, car à l'approche du 8e corps sur Amiens, les Français abandonnèrent cette ville sans résistance et le général de Gœben en prit possession sans coup férir le 28 novembre. La citadelle capitula deux jours plus tard, et laissa aux Allemands 11 officiers et 400 hommes comme prisonniers, plus 30 canons. Les autorités françaises déguisèrent naturellement la vérité, bien qu'elles avouèrent la retraite de l'armée, mais elles prétendirent que la ville d'Amiens n'avait été abandonnée que pour pouvoir effectuer la retraite sur Doullens et Arras en bon ordre; donc si l'on n'avait pas abandonné cette position, il est à supposer que cette retraite n'aurait pu se faire, d'autant plus qu'elle n'avait été nullement une retraite en ordre, mais une véritable déroute. Dès ce jour, on pouvait prédire que Paris ne pourrait plus compter sur cette armée pour la secourir.

Voici quelques détails sur la bataille près d'Amiens, ou de Villers-Bretonneux, du 27 novembre. Le 8e corps prussien, formant l'aile gauche, marcha directement sur Amiens et refoula les Français, qui ne montraient presque rien que de l'infanterie, d'une position après l'autre; plusieurs fois les Allemands allèrent à la baïonnette, et le 9e régiment de hussards tailla en pièces un bataillon de l'infanterie de marine; le soir, ce corps se trouva avec ses têtes à trois kilomètres environ d'Amiens, qui fut occupé le lendemain, car les Français abandonnèrent le camp et leur grosse artillerie. Le 1er corps prussien, sur l'aile droite, eut à prendre les hauteurs de Gentelles et de Villers-Bretonneux; il fut attaqué dans sa marche par un corps français qui était en position devant Corbie, pour couvrir la ligne du chemin de fer sur Arras et Lille. Les Français se battirent bravement et opposèrent, lorsque les Allemands prirent l'offensive, une résistance énergique. Ici aussi on ne vit que de l'infanterie, avec une vingtaine de canons, mais point de cavalerie, qui pourtant aurait pu être d'un grand secours dans ce terrain presque plat.

Lentement et avec des sacrifices assez lourds, les troupes

allemandes avancèrent ; lorsque dans l'après-midi le combat tirait à sa fin, le 44e régiment prussien prit à la baïonnette un retranchement assez fort près de Villers-Bretonneux, ce qui décida l'affaire. La 3e division de cavalerie appuya le 1.er corps par une charge vigoureuse, soutenue elle-même par des bataillons de chasseurs et quelque artillerie. Il résulte de ceci que les Français avaient là deux corps d'armée, l'un au sud d'Amiens, l'autre devant Corbie, montant ensemble à plus de 40,000 hommes, composés de troupes de ligne, de gardes mobiles et quelques bataillons de la garde nationale mobilisée. Les pertes des Français s'élèvent à 3,000 hommes, dont 800 prisonniers non blessés, ainsi que 9 canons et 2 drapeaux ; celles des Allemands sont évaluées à environ 1,400 hommes, dont 79 officiers ; la retraite de l'armée française fut une véritable déroute.

Pendant les journées des 29 et 30 novembre, on poursuivit les Français par quelques détachements, envoyés dans la direction d'Arras et d'Abbeville, et l'on forma en même temps l'armée destinée à opérer du côté de Rouen. Il résultait des rapports reçus que les Français tenaient la campagne à l'est de Rouen avec un corps de 40,000 hommes environ ; le général de Manteuffel décida de suite d'aller à sa recherche, de le battre et d'occuper Rouen, le chef-lieu de la Normandie.

Le 1er décembre, l'armée allemande se mit en marche, ne laissant près d'Amiens que quelques troupes pour observer l'ennemi et couvrir ses derrières. Le 8e corps forma maintenant l'aile droite, et marcha par Poix, Forges et Buchy vers Rouen ; le 1er corps, qui s'était complété entre-temps en rappelant ses troupes de Mézières et de La Fère, forma l'aile gauche, et se dirigea par Ailly, Breteuil,

Marseille (petit hameau dans le département de l'Oise) et Gournay vers la même destination. Les avant-gardes françaises se retirèrent à l'approche des Allemands de Grand-villers et Songeons.

Le 4 décembre, le général de Gœben, l'aile droite de l'armée allemande, trouva entre Forges et Buchy un corps français en observation, fort de 30,000 hommes, qui essaya quelque résistance, mais il fut bientôt refoulé de plusieurs positions et subit des pertes assez sensibles ; de plus, on lui prit 11 officiers et 400 hommes non blessés. Pour constater si l'ennemi voudrait faire une résistance plus forte dans une autre position, et pour accorder un peu de repos aux troupes, on ordonna pour le 5 une reconnaissance, dans laquelle le 8e corps devait suivre les hauteurs, tandis que le 1er corps avait à passer des défilés assez difficiles. Le général de Goeben trouvant l'ennemi en pleine retraite, le suivit vivement, et, malgré la fatigue de ses soldats, fit une marche assez forte, à la suite de laquelle il occupa le même jour la ville de Rouen.

Le 1er corps avança également en poursuivant les Français, qui se replièrent partout, vers la Seine, au delà de Rouen. Le 6, le général de Manteuffel entra à Rouen et y laissa une forte garnison.

Des colonnes de reconnaissance, envoyées jusque dans les environs du Havre, constatèrent que cette ville était en bon état de défense ; les Allemands durent donc renoncer pour le moment aux opérations contre cette ville importante ; en revanche, ils occupèrent Dieppe, le 9 décembre. Le général de Manteuffel averti que l'armée française du Nord se préparait à reprendre l'offensive sous son nouveau commandant en chef, le général Faidherbe, con-

entra de nouveau ses forces autour d'Amiens pour couvrir d'abord ses positions sur la Somme et pour s'opposer à la marche de l'armée française. Le 23 décembre, les
deux armées se rencontrèrent pour la seconde fois; malgré la position excellente du général français sur les
rives de l'Hallue, petite rivière se jetant dans la Somme,
et de ses forces supérieures en nombre, Manteuffel l'attaqua.

Après un combat de sept heures, les Allemands prirent
une série de villages situés entre Beaucourt, Querrieux
et Pont-Noyelles, et refoulèrent les Français, comptant
60,000 hommes environ, au delà de la position de l'Hallue.
La prise de plusieurs canons et d'un millier de prisonniers
non blessés, formait le premier avantage de cette bataille,
mais le résultat beaucoup plus important était la retraite
des Français jusqu'à Arras et même au delà. Les pertes
des Allemands dans ce combat sont de 80 morts et de
626 blessés. Le 25, le général de Manteuffel, poursuivant
les Français, occupa Albert, et le 26 atteignit les environs
de Bapaume. Après quelques petits combats, les Allemands cernèrent Peronne, et le lieutenant-colonel de
Pestel, avec 3 compagnies et 3 escadrons, battit, près de
Longpré, trois bataillons français, auxquels il prit
240 prisonniers, dont 10 officiers.

Le 2 janvier, Faidherbe reprit encore une fois l'offensive et attaqua près de Bapeaume une brigade du 8e corps
prussien; le jour suivant, celle-ci fut renforcée par une
division du 1er corps prussien, et ces forces renvoyèrent
toutes les attaques des Français, trois fois plus nombreux.
Après ce nouvel échec, Faidherbe dut songer d'abord à
donner quelque repos à ses troupes, fortement ébranlées

par ces combats continuels et toujours malheureux ; de plus, il se renforça par des troupes de marine qu'on lui amenait par voie de mer des ports du Sud et de l'Ouest. Son armée réorganisée, il déboucha de nouveau du quadrilatère de forteresses du département du Nord.

Entre-temps, le général de Manteuffel, avec une partie de ses troupes, avait été envoyé dans les départements de l'Est, et le général von Gœben devint commandant en chef de l'armée allemande du Nord. Il concentra ses forces derrière la Somme pour y attendre l'ennemi, très-supérieur en nombre ; ensuite il fit une marche de flanc, habilement exécutée, dans le but de couper les Français des forteresses du Nord qui leur offraient toujours un refuge. Le 17 janvier une colonne prussienne partit de Beauvais au-devant des Français, elle les attaqua le 18 dans leurs positions près de Vermand et les força de reculer ; le 19 eut lieu la bataille de Saint-Quentin, dans laquelle, après un combat de 7 heures, l'armée de Faidherbe fut battue complétement ; elle perdit 6 canons et environ 12,000 hommes de prisonniers, dont 9,000 non blessés. Le 19e régiment prussien prit la gare de Saint-Quentin d'assaut et peu après la ville fut également occupée. Les Allemands accusent 3,000 hommes hors de combat, dont 94 officiers. Après une défaite pareille, on pouvait regarder cette armée comme hors de cause, au moins pour un temps assez long. Gambetta arrivait justement à Lille au moment où une partie des débris de cette armée entrait dans cette ville ; son discours, enflammé comme toujours, ne fit que peu d'impression en face des malheureux soldats qui arrivèrent exténués de fatigue, dépourvus de tout, et qui n'avaient presque rien mangé depuis trois jours Aussi la présence du ministre de la guerre ne dura pas longtemps; il s'éclipsa assez promptement.

Nous nous abstiendrons de toute réflexion au sujet des dépêches et proclamations de Faidherbe; il prétend avoir battu les Prussiens et n'avoir reculé que par suite d'un plan arrêté d'avance; il affirme que *les fameux preneurs de canons* n'ont touché à aucune de ses batteries! — Les faits sont là pour juger ces prétentions risibles.

Ajoutons pour compléter ce tableau, la lettre du correspondant spécial du journal anglais *Daily News* qui suivait l'armée française du Nord. Elle fera voir au lecteur combien Faidherbe exagère dans ses proclamations. — Cette lettre, datée de Douai du 21 janvier, dit ce qui suit :

« Le combat commença le 18 par quelques escarmouches. Le jour précédent, le général Faidherbe avait établi son quartier général à Saint-Quentin, d'où il envoya le 18 une brigade du 22e corps en avant; le gros de l'armée suivit bientôt dans la direction du sud, vers Mézières-sur-Oise. Comme Faidherbe était dépourvu de cavalerie, ses reconnaissances n'embrassaient pas assez de terrain et ne pouvaient rien apprendre sur la marche de l'ennemi; ceci fut cause qu'une partie des troupes françaises rencontra tout à coup les avant-postes ennemis dans les environs de Roupy, et près de Vaux le 43e régiment de ligne et le 20e bataillon des chasseurs furent attaqués soudainement et vigoureusement par une batterie prussienne. Les Français perdirent là 5 officiers et plus de cent hommes. Une partie du 23e corps, composé presque totalement de mobilisés, avait reçu ordre d'avancer, mais arriva trop tard pour être utile. La bataille principale eut lieu le 19 ; elle commença à 9 heures du matin par une attaque des Prussiens qui s'étaient établis sur quelques hauteurs dominant les villages de Grugis et de Castres, occupés par des troupes de la 2e division du 23e corps français, sous le général Gislin. Vers 10 heures, les Français durent abandonner ces positions et les Prussiens attaquèrent alors sur toute la ligne, soutenus par une artillerie formidable Le combat dura jusqu'à 2 heures ; quelques officiers prétendirent en ce moment que les lignes prussiennes pliaient devant le 22e corps, bien que le 23e perdît constamment du terrain. Malheureusement, les deux corps se trouvèrent séparés par le canal de Crezat, trop large et trop profond pour pouvoir jeter un pont, de façon qu'ils ne purent se soutenir mutuellement On vit donc bientôt reculer le 23e corps, et à 3 heures cette retraite dégénéra en débandade complète. Le général Faidherbe· s'efforça en vain de rétablir la confiance, en envoyant quelques bataillons du 22e corps au secours du 23e (par où, si l'on ne pouvait pas traverser le canal qui les séparait du 22e corps ?) ; mais avant de pouvoir exécuter ce mouvement, la panique était devenue trop grande. A partir de ce moment, le 22e corps, sous les généraux Deroja et Paulze d'Ivoy, soutint seul le combat ; même parmi ces troupes, plusieurs bataillons de mobiles plièrent, mais furent recueillis et placés devant (!) le régiment des zouaves du Nord. Vers 4 heures, le général Paulze d'Ivoy, voyant toute résistance impossible, fit sonner la retraite, et les troupes atteignirent Saint-Quentin sous le feu continuel de l'ennemi ; on ne fit que traverser cette ville, car les Prussiens décidés à la reprendre, après l'avoir évacuée trois jours avant, lancèrent quelques grenades dans les rues. A la nuit tombante, les troupes françaises, fatiguées outre mesure par les marches des jours précédents, traînèrent pendant quelques kilomètres dans la direction de Cambrai avec le sentiment d'avoir perdu une journée importante, et la ville qu'ils occupèrent encore la veille. On ne put emmener que peu de blessés, la plupart resta aux mains des Prussiens ; le nombre de tués et blessés est inconnu, mais on connaît mieux le nombre des *absents* ; il est énorme, surtout relativement aux forces engagées. Il faut croire que l'ennemi a fait des prisonniers en masse, ou qu'il y a eu des bataillons entiers qui se sont débandés totalement. Notons encore que beaucoup de ces malheureux marchaient et combattaient pieds nus ; c'est un fait incroyable, mais vrai ! »

Nous avons passé dans ce chapitre beaucoup de petites rencontres, parce qu'elles sont insignifiantes ; la plupart eurent lieu du côté du Havre, et les Français n'ont aucun succès à enregistrer.

Toutes les petites forteresses le long de la frontière belge furent prises, sauf Givet, et bien entendu les forteresses du département du Nord, dans lequel les Prussiens ne sont pas entrés.

Montmédy tomba le 14 décembre ; 65 canons et 3,000 prisonniers restèrent aux mains des Allemands, qui délivrèrent en outre 237 prisonniers prussiens.

Mézières fut occupé par les troupes prussiennes le 2 janvier après un bombardement de deux jours ; elles firent plus de 2,000 prisonniers, dont 98 officiers, 106 canons et beaucoup d'approvisionnements.

Rocroy fut pris par un coup de main, sans opposer de résistance, le 5 janvier ; on y fit 300 prisonniers, prit

72 canons, 1 drapeau, beaucoup de bagages, de munitions et de vivres; on délivra 8 prisonniers allemands.

Péronne capitula le 10 janvier et l'on y fit plus de 3,000 prisonniers.

Longwy opposa une résistance assez énergique et supporta le bombardement pendant 9 jours, mais le 25 janvier elle dut capituler aussi et les Allemands y firent 4,000 prisonniers et prirent 200 canons.

Pour que l'on ne puisse nous reprocher d'avoir tu les mésaventures des Allemands, nous mentionnerons ici qu'un petit détachement prussien occupant Stenay, dans les environs de Montmédy, fut enlevé p endant une nuit par des troupes de la garnison de cette forteresse.

De plus, les Français surprirent la petite forteresse de Ham, où les Allemands avaient mis une faible garnison, qui dut capituler après quelques coups de feu.

Maintenant il nous reste à citer un fait qui, si nous ne l'avions vu dans les débats du conseil de guerre siégeant à Lille, nous semblerait plutôt un chapitre d'un roman de Dumas père, qu'une triste réalité. Voici ce dont il s'agit, nous abrégeons autant que possible: un bataillon de garde nationale mobilisée du département du Nord est envoyé aux avant-postes pour garder la ligne du chemin de fer entre trois villages; il est vrai qu'on ne lui avait point donné de cartouches (!), mais ils étaient en tout 750 hommes environ divisés en 8 compagnies, dont 2 sont établies dans le premier village, 2 dans le second et les 4 autres dans le troisième sous les ordres directs du chef de bataillon; survient une patrouille de *quinze* lanciers prussiens (uhlans) qui met en fuite les deux premières compagnies, et leur fait 40 prisonniers, que l'on laisse sous la garde de 2 lanciers ; les autres 13 poursuivent leur route, mettent en fuite désordonnée les 2 compagnies établies dans le 2e village et continuant leur chemin arrivent au 3e village où se trouvaient les 4 compagnies, comptant 376 baïonnettes, puisque ces braves n'avaient pas de cartouches ; mais ici pas plus que dans les autres villages on n'oppose de résistance, et commandant, officiers et soldats, tout se sauve à toutes jambes : les 13 lanciers font de nouveau une *centaine* de prisonniers, donc en tout 140 hommes et les amènent vers leur corps. La proportion des forces était donc dans le dernier village de 1 : 30 environ. Nous n'ajoutons aucune réflexion, le fait parle assez haut par lui-même.

Le Siége de Paris.

Dans notre travail, nous n'avons à parler de cette ville que comme place de guerre, et comme telle, elle est, sans contredit, la plus grande du monde et une des plus fortes.

Les fortifications se divisent en deux parties ; l'enceinte intérieure, entourant la ville elle-même, forme rempart avec fossés et glacis ; le rempart, garni de 94 bastions, est revêtu de maçonnnerie à 10 mètres de hauteur ; le fossé a une largeur de 35 pieds ou 11 mètres environ, et peut être rempli d'eau par les divers canaux et la Seine. A l'intérieur du rempart, il y a une route militaire et le chemin de fer de ceinture. Cette enceinte a un contour de 7 heures de marche ou 28 à 30 kilomètres ; si la ville n'avait eu que cette défense, elle aurait pu être prise sans beaucoup de difficultés. La force de la défense repose sur les 15 forts détachés qui entourent le rempart sur une ligne de 16 heures ou près de 70 kilomètres. La distance moyenne entre ces forts est d'environ 3,500 pas, sauf le côté ouest de Paris, où seul le fort du Mont-Valérien défend la ville ; mais la Seine, formant là trois grands coudes, rend l'attaque de ce côté assez difficile ; entre le Mont-Valérien et le fort de la Briche, à Saint-Denis, il y a une distance d'environ 12 kilomètres. Saint-Denis, au nord de Paris, à 3 kilomètres environ de l'enceinte, est très-bien défendu par ses trois forts : de la Briche, la Double Couronne et le fort de l'Est, reliés entre eux par des ouvrages en terre et entourés de fossés qui peuvent être inondés.

Ces divers ouvrages, formant par leur ensemble un point très-solide de la défense, sont pourtant dominés par les hauteurs environnantes, desquelles on voit parfaitement l'intérieur ; de quelques places on pourrait même tirer dans la gorge des ouvrages.

A droite de Saint-Denis, nous trouvons d'abord le fort d'Aubervilliers, et nous arrivons ensuite à la ligne des forts de l'Est, la partie la plus forte de la défense. Sur une hauteur d'environ 400 pieds sont situés les forts de Romainville, de Noisy et de Rosny ; un peu plus loin, le fort de Nogent. Les intervalles de ces forts sont garnis de redoutes se trouvant sous les feux croisés des forts voisins. Les dimensions des forts sont assez grandes et munies de casernes à l'épreuve des bombes ; derrière eux se trouve la forêt de Vincennes avec son château fortifié, servant de place d'armes, mais trop faible par lui-même pour la défense. — Dans la presqu'île formée par la

Marne, on a élevé deux petits ouvrages près de Joinville-le-Pont, et l'angle formé par la Marne et la Seine contient le fort très-important de Charenton. Tous ces ouvrages à l'Est forment un vaste camp retranché offrant une position très-favorable à une armée destinée à opérer au dehors. — Le sud de la capitale est défendu par cinq forts, ceux d'Ivry, à droite de celui de Charenton, de Bicêtre, de Montrouge, de Vanvres et d'Issy. Ces derniers étant dominés par les hauteurs de la rive gauche de la Seine et pouvant être atteints de là facilement par l'artillerie d'aujourd'hui, on avait construit une redoute près de Clamart; le coin au sud ouest près du fort d'Issy ayant été reconnu aussi comme un point trop faible de la ligne de défense, on a élevé près de Montretout un nouvel ouvrage.

La question de savoir si les Allemands pouvaient bombarder la ville de Paris sans avoir pris ou détruit les forts, a été beaucoup débattue; les premiers jours de janvier ont fourni la solution du problème; il est donc inutile d'y revenir ici.

On a également écrit beaucoup, de part et d'autre, sur les motifs qui ont retardé le bombardement; nous avons vu dans la *Gazette de Voss*, paraissant à Berlin, un article d'un membre du Reichstag, qui affirme que ces raisons ont été purement militaires, c'est-à-dire que le transport des grosses pièces rayées rencontrait beaucoup d'obstacles et demandait énormément de temps, des moyens extraordinaires de transport, et de plus elles n'étaient pas munies des projectiles nécessaires. Si l'on considère que les batteries allemandes pouvaient tirer mille coups à la minute, toutes les pièces mises en activité, on comprendra quelle masse énorme de projectiles étaient nécessaires pour entreprendre ce bombardement avec quelque succès; pour transporter de Lagny aux batteries les munitions nécessaires pour une seule minute, il fallait 50 voitures à deux chevaux, employant deux jours pour le trajet. — On peut donc calculer quel matériel et quel temps étaient nécessaires pour apporter le matériel nécessaire à un bombardement de quinze jours seulement. Faisons remarquer aussi que dans les premiers temps la résistance de la forteresse de Toul retardait le transport des munitions et des pièces d'artillerie de siége par le chemin de fer, dominé par cette forteresse; plus tard, la destruction du tunnel près de Nanteuil occasionna de nouveaux retards.

Nous croyons donc pouvoir dire, sans crainte d'être démentis, que les Allemands ont commencé le bombardement de Paris, dès qu'il était possible avec quelque chance de succès. Si V. Hugo dans ses beaux discours parle de cinq mois de résistance, c'est une phrase creuse, car les Allemands n'ayant point attaqué les forts ni Paris avant la fin de décembre, ces cinq mois se réduisent à un, et l'on peut dire que pendant les premiers mois ce sont les Allemands qui ont résisté au feu et aux sorties de Paris, et les Parisiens, malgré l'énorme quantité de poudre gaspillée, n'ont détruit aucun des ouvrages allemands.

L'armée de Paris s'élevait, suivant des indications du *Daily Telegraph*, journal anglais très-francophile, à environ 525,000 hommes, partagés en trois armées.

La Ire armée, sous les ordres du général Thomas, comprenait 300,000 hommes de gardes nationaux, y compris les sédentaires. Une partie était formée en régiments pour servir au dehors de la ville, mais elle n'avait que 5 batteries et point de cavalerie; la garde sédentaire montait la garde aux remparts et à l'intérieur de la ville; la garde municipale faisait le service de la police.

La IIe armée, sous le général Ducrot, comptait 150,000 hommes, composés de troupes régulières et gardes mobiles avec 80 batteries d'artillerie de campagne et de mitrailleuses, ainsi que deux régiments de cavalerie. Elle devait être portée à 200,000 hommes, probablement avec des bataillons mobilisés de la garde nationale, de la Ire armée; elle campait au dehors de la ville et se trouvait divisée en trois corps d'armée, dont le 1er et le 2e avaient chacun trois divisions, le 3e seulement deux.

La IIIe armée, général Vinoy, destinée aux garnisons des forts, était forte de 70,000 hommes se composant des bataillons de dépôt de l'ex-garde impériale, fondus dans la garde marine, quelques bataillons de ligne, les ex-sergents de ville et gendarmes. Elle était partagée en 7 divisions, dont on avait détaché la 2e, formant un corps spécial, sous les ordres du vice-amiral de la Roncière, destinée à la défense de Saint-Denis et à des sorties. — Tout en admettant que ces chiffres soient peut-être un peu gonflés, la *Correspondance Havas* parle seulement de 400,000 combattants au mois d'octobre, il en résulte toujours que Paris contenait une armée de plus de 200,000 hommes propres à prendre l'offensive; ce sont à à peu près les mêmes proportions qu'à Metz, car si là il y avait *seulement* des troupes régulières, le terrain était certainement moins favorable qu'à Paris. Si cette dernière ville a résisté plus longtemps, c'est une question de quantité de vivres, donc une résistance *passive*; si elle mérite les qualifications d'héroïque, de *sublime* même, nous ne les discuterons pas, car on sait qu'il ne faut pas prendre à la lettre les phrases à effet des journalistes français; c'est si vite écrit!

En général, nous ne contestons nullement la bravoure des troupes dans les sorties qu'elles ont faites, du moins dans les grandes; et les habitants aussi méritent certainement des éloges pour avoir enduré le siége jusqu'à la dernière ration pour ainsi dire, eux que l'on disait si frivoles et si disposés à la discorde, mais à Metz aussi on l'a fait.

Quant à la discipline des troupes enfermées dans Paris, elle laissait souvent à désirer, ce qui est prouvé par diverses proclamations du gouverneur; le rapport du général Noël, commandant le Mont-Valérien, au sujet des pillages de Reuil et de Nanterre, exercés par des maraudeurs, composés pour la plupart de gardes mobiles; le fait du bataillon de la garde nationale qui arrive ivre, commandant compris, à son poste désigné et qui dut être renvoyé, étant incapable de faire le service; le fait du bataillon de Belleville, de ces grands faiseurs de phrases, qui lâchèrent pied devant l'ennemi aux premiers coups de feu, et que l'on a dû licencier, sont autant de preuves.

Nous pourrions trouver d'autres faits de ce genre, mais il nous semble que cela peut suffire pour rappeler aux Français qu'il leur est permis d'être moins vaniteux, et qu'un peu de modestie leur conviendrait infiniment mieux.

La discorde a, du reste, aussi essayé de lever la tête; nous rappellerons les deux tentatives dirigées sur l'hôtel de ville, essayées par le parti des rouges, aussi exalté qu'incapable.

La question des vivres avait été mal jugée par les Allemands; ils avaient cru que Paris, cette ville énorme, renfermant près de deux millions d'habitants, malgré les nombreux départs qui avaient eu lieu sous tous les prétextes possibles, ne pourrait guère tenir que deux ou trois mois au plus, tandis qu'elle a pu tenir jusqu'à la fin de janvier, il est vrai, au prix d'assez grandes privations, rendues plus sensibles encore par le manque de combustible qui à la fin faisait presque complétement défaut.

Le gaz par suite de cette disette avait dû être rationné assez tôt, et bientôt, il manqua tout à fait. — Le correspondant du *Daily News* à Paris donnait, à la fin de novembre déjà, la liste des prix des comestibles que nous voulons citer comme curiosité :

Les pommes de terre se payaient 7 francs le kilo, et leur prix allait augmentant de jour en jour ; un œuf 50 centimes ; poulet gras 20 fr.; une oie 25 fr.; un lapin 18 fr.; une carpe 20 fr.; le beurre frais 45 fr. la livre, et presque introuvable à ce prix; la livre de sel 14 fr.; la viande d'âne 6 fr. la livre, et déjà rare à ce prix; du jambon fumé 16 fr. la livre ; saucisson de Lyon 32 fr. la livre ; le fromage manquait complétement. Le pain ne manqua point et les soldats eurent toujours du pain blanc, si nous sommes bien renseignés, mais celui que l'on fabriquait en ville dans les derniers jours était presque noir et contenait une partie d'avoine, de son, etc. — Les habitants de Paris étaient accablés en outre de plusieurs maladies dégénérées en épidémies, et la mortalité était très-grande. Dans la semaine du 4 au 11 novembre, il y eut 2,445 décès; du 11 au 17, 2,728, et le chiffre augmentait encore; dans la première semaine de janvier, ce nombre s'éleva à 3,670 ; plus tard jusqu'à 5,000.

Arrivons maintenant aux faits militaires de l'investissement et du siége de Paris.

Après des opérations préparatoires, dans la première moitié du mois de septembre, les Allemands arrivèrent le 19, simultanément de trois côtés différents devant la capitale et dès ce jour l'investissement peut être regardé comme accompli, par une armée d'environ 300,000 hommes, composée comme suit : 2 corps bavarois, la division wurtembergeoise, le corps saxon, la garde prussienne, les corps prussiens 4, 5, 6 et 11, plus quelques parties du 13e corps. Au nord de Saint-Denis, les Français abandonnèrent la position à Pierrefitte après quelques coups de canon et se retirèrent dans Saint-Denis; au sud il y eut un combat près de Sceaux et de Villejuif, appelé par les Français le combat de Châtillon. Près du moulin nommé le Moulin de la Tour, situé sur une hauteur de 162 pieds, les Français avaient élevé une redoute, et firent de là une sortie contre les avant-postes du 5e corps prussien. Les Français auraient pu tirer grand profit de cette position, car ils occupaient encore Sceaux et Plessis-Piquet, les bois près de Meudon, et pouvaient par conséquent distribuer leur infanterie dans des positions couvertes; au commencement du combat, ils n'eurent en face d'eux que deux régiments prussiens, le 7e et le 47e, et ils comptaient deux divisions, au moins le quadruple des forces ennemies. Ils dirigèrent leur première attaque au delà de Plessis, contre le bois de Verrières, où se trouvaient les troupes prussiennes; pendant une heure et demie, ces deux régiments allemands soutinrent le choc, mais avec beaucoup de peine, sous un bombardement assez vif. Vers 8 heures, le 2e corps bavarois, sous le général Hartmann, arriva au secours des deux régiments prussiens et bientôt le combat changea de face ; vers 11 heures les Français furent refoulés sur le plateau, et forcés de se retirer derrière les travaux près de Moulin-la-Tour ; là ils développèrent un feu très-nourri de mitrailleuses, de 12 à 1 heure, mais lorsque le corps bavarois détacha une brigade par Sceaux et Bourg contre le flanc de la position française, et que les batteries bavaroises trouvèrent là une excellente position couverte, la résistance des Français commença à faiblir vers 1 heure et demie, et bientôt on vit disparaître les canons des retranchements ; vers 3 heures, le général de Hartmann reçut l'avis que l'ennemi avait abandonné la position en laissant 8 canons encloués.

Les Bavarois prirent immédiatement possession de ces ouvrages, et les retournèrent dès le lendemain contre Paris. Dans cette affaire un régiment de zouaves, saisi d'une panique inexplicable, s'enfuit à toutes jambes, jetant ses armes ; il paraît qu'à Paris la population le reçut fort mal et on en arrêta un grand nombre. Les Françai étaient commandés par le général Ducrot.

Le 30 septembre, le général Vinoy essaya une sortie, avec deux divisions, des forts de Montrouge et de Bicêtre, faisant en même temps une démonstration à la droite du fort d'Issy, contre le 5e corps prussien, et à sa gauche contre le 11e corps. L'attaque principale eut lieu contre le 6e corps, près de Villejuif, Chevilly, Thiais et Choisy ; elle commença dès 6 heures du matin, et vers 11 heures, les

Français furent forcés de reculer partout; ils abandonnèrent des prisonniers et plus de 200 morts; les blessés purent être emportés par eux; leurs pertes furent *sensibles* de leur propre aveu; le général Guilhem fut tué.

Le 5 octobre, le roi Guillaume transféra son quartier général de Ferrières à Versailles. — Le même jour, le Mont-Valérien ouvrit son feu sur les positions allemandes dans la direction de Saint-Cloud; on fit observer le bombardement par un ballon, mais les résultats ayant été sans succès, on le fit cesser vers 10 heures, 2 heures après avoir commencé.

Le 13 octobre, le fort du Mont-Valérien incendia par ses bombes et grenades le château de Saint-Cloud, croyant sans doute les Prussiens établis dans le château, mais c'était une erreur, car leurs postes ont toujours été dans le parc, parfaitement abrités contre les coups de feu de ce fort. Le fait de l'incendie du château par le feu du Mont-Valérien a été confirmé par les journaux français et diverses correspondances reçues par ballon à Bruxelles. Les troupes allemandes tâchèrent de sauver autant que possible les objets d'art, mais le feu du fort continuant, on dut abandonner le sauvetage.

Ici nous devons ouvrir une petite parenthèse à propos d'une brochure qui a paru dernièrement sous le titre : *Documents, etc., sur les exactions, vols, etc., des Prussiens en France.* On a eu l'effronterie d'imputer l'incendie du château aux Allemands, dans le but de le piller et de voler. Si les autres *documents* de cette brochure, composée sans doute par un de ces flâneurs internationaux des champs de bataille chassés des lignes prussiennes dès les premières semaines de l'investissement, sont de même force, on peut se faire une idée du ramassis de calomnies et de sottises qu'elle doit contenir. Si celui qui a commis ce ridicule *factum* veut se donner la peine d'ouvrir le journal *le Temps*, d'*avant la guerre*, il y trouvera presque chaque jour une colonne, ou partie de colonne, occupée par ce que ce journal désignait sous : *Les gaietés du sabre*; si les soldats français se permettent donc ces choses chez eux, pourquoi jeter les hauts cris; quand, par-ci par-là, un soldat allemand commet chose pareille pendant la guerre en pays ennemi; il y a des gredins partout; mais il est stupide de vouloir jeter le blâme sur toute une nation, parce que son armée contient un certain nombre de mauvais soldats.

Du reste, si nous voulions nous donner la peine de composer un opuscule pareil, relatant, par exemple, des faits *prouvés* ou *du moins signés par des officiers et généraux allemands*, sur les cruautés commises souvent sur les blessés ou les mutilations des morts allemands, nous croyons que la brochure mentionnée ci-dessus paraîtrait bien pâle au lecteur.

L'auteur, comme du reste tous les journaux français qui ont colporté de pareilles nouvelles à sensation, destinées seulement à exciter le peuple contre les troupes allemandes, ne dit jamais ce qui a précédé les représailles des Allemands; elles peuvent avoir été dures, c'est possible, mais la population a été prévenue, ce ne sont donc que des punitions encourues comme la guerre en inflige; il faut soigner pour la sécurité des petits détachements, et cela n'est possible que par des mesures sévères; du reste, toute autre armée les appliquerait aussi bien, et des excitations pareilles sont ignobles; sans doute on trouvait que la population française était trop tiède et ne pensait pas comme les fabricants des documents précités.

Le 21 octobre, les Français entreprirent une nouvelle sortie en forces assez grandes avec 40 pièces de campagne ; elle se dirigea, sous la protection du feu du Mont-Valérien, principalement contre Bougival et le château de Malmaison ; après un combat de trois heures, ils se retirèrent, laissant entre les mains des Allemands près de trois cents prisonniers et deux de leurs canons.

Dans aucun combat la résistance des Français n'a été plus faible que ce jour-là ; ils avaient environ 14 bataillons et les Allemands ne leur en opposèrent que 5 ; les pertes des derniers sont évaluées à 150 hommes environ. Le Mont-Valérien continua son feu de six de ses plus grosses pièces jusqu'à 6 heures du soir, mais sans effet notable ; en général, ce fort a continuellement gaspillé ses munitions.

Dans ces jours, les Prussiens avaient aussi à protéger la célèbre manufacture de porcelaine de Sèvres, sur laquelle les Français dirigeaient leur feu, comme sur Saint-Cloud. Les Prussiens sauvèrent par les voitures de leur train tout ce qui ne pouvait être abrité dans la fabrique elle-même.

· Le 28 octobre eut lieu le premier combat près du Bourget, petit village de 700 habitants, à 6 kilomètres à l'est de Saint-Denis ; ce village a une place dans l'histoire de la France, car c'est là que Napoléon Ier fuyant de Waterloo, s'arrêta le 20 juin 1815 quelques heures, pour ne rentrer à Paris que dans la nuit. — Les Allemands y avaient établi leurs avant-postes, appartenant à la garde prussienne ; du côté français il se trouve sous le feu des batteries de Saint-Denis, et du côté allemand il est dominé par les ouvrages de Blanc-Mesnil et d'Aulnay ; la distance de Blanc-Mesnil est de 4 kilomètres, et celle d'Aulnay de 6. — Les Français ouvrirent leur feu le 29 contre le Bourget et y envoyèrent deux bataillons pour le prendre ; ce qui décida le commandant allemand à retirer les avant-postes, forts d'une compagnie seulement, sur leurs gros. Mais comme les Allemands s'aperçurent bientôt que l'ennemi voulait profiter de cette position assez avantageuse pour s'y fortifier et pousser quelque autre ouvrage encore plus en avant contre leurs lignes, ils sentirent la nécessité de reprendre cet endroit et d'empêcher à tout prix que les Français ne pussent s'y fixer. — On dirigea donc, le 30 octobre, 8 bataillons, 3 compagnies de chasseurs de la garde, 1 compagnie de sapeurs et 5 batteries contre ce village, et après un combat acharné, les gardes prussiennes refoulèrent les Français, au nombre d'environ 6,000 hommes alors, en leur faisant plus de 1,200 prisonniers appartenant à la garnison de Saint-Denis ; les Allemands n'accusent que 449 hommes hors de combat, plus 35 officiers. Le correspondant du *Manchester Guardian*, à Paris, écrit que des 4 compagnies des francs tireurs de la presse, 70 hommes seulement sont revenus ; 1 bataillon des mobiles fort de 800 hommes ne comptait plus que 120 hommes après le combat. Si les pertes des Français dans ce combat sont plus fortes que celles des Allemands, il faut l'attribuer à la circonstance qu'ils se sont laissé prendre de trois côtés à la fois, et que 2 batteries appuyées par 2 compagnies de la garde, établies le long du remblai du chemin de fer, ont empêché leurs réserves de venir à leur secours.

Il est à remarquer que dans l'ordre du jour du commandant de Paris au sujet de la prise du Bourget, on représentait la position comme très-importante, mais lorsque les Allemands l'eurent reprise, elle était devenue tout à fait insignifiante, et l'on allait jusqu'à dire que l'attaque n'avait pas été ordonnée !

Le 29 novembre commença une série de plusieurs sorties conduites très-vigoureusement par les Français dans le but de percer les lignes allemandes et de tendre la main à l'armée de la Loire qui, comme on l'a vu, avait attaqué le jour précédent les positions allemandes près de Beaune-la-Rolande, et comme on avait représenté cette affaire comme une victoire, les Parisiens ne doutèrent pas un instant qu'ils verraient apparaître sur les derrières des lignes allemandes l'armée de secours attendue depuis longtemps déjà.

La sortie du 29 fut dirigée surtout contre l'Hay et Chevilly ; l'introduction au combat fut une canonnade de tous les forts au sud de Paris, laquelle dura toute la nuit, ayant sans doute pour but de fatiguer les troupes allemandes, car elles durent se tenir pendant quelques heures sur le qui vive. Au point du jour, entre 7 et 8 heures du matin, les Français développèrent leurs troupes et le feu des forts cessa peu à peu ; mais le feu des avant-gardes prussiennes et de leur artillerie de position suffit pour arrêter l'ennemi, de façon que 3,000 hommes seulement réussissent à opérer leur sortie ; la difficulté du développement paralysa les efforts des braves officiers qui cherchèrent à entraîner leurs troupes, mais sans succès. Vers 10 heures, l'attaque fut refoulée et les Allemands prirent 200 prisonniers non blessés. Bien que cette attaque ne fût qu'une feinte, elle était conduite trop mollement.

Le jour suivant eut lieu la sortie la plus forte que les Français aient entreprise pendant le siége, aussi bien sous le rapport du nombre de troupes engagées, que sous celui de l'étendue de terrain qu'elle embrassait.

Pendant la nuit du 29 au 30, les forts du Sud continuèrent leur bombardement avec une vivacité telle, que quelques positions allemandes, comme, par exemple, l'ouvrage occupé par les Bavarois, reçurent des grenades par centaines; les effets ne valaient pas la poudre brûlée pendant toute cette journée, car les Bavarois n'avaient que 2 morts et 14 blessés, la plupart légèrement. On crut d'abord au quartier général allemand que ce feu opiniâtre préparait une nouvelle sortie au Sud, mais plus tard on vit bien que ce n'était qu'une démonstration; quelques forts et même le Mont-Valérien, continuèrent le feu jusqu'à midi; ce dernier fort tirait de 15 à 20 coups à la minute; mais les garnisons des forts ne bougèrent pas. Les pièces des remparts de Paris prirent part à ce bombardement, plus bruyant qu'utile. Bientôt on apprit que le choc principal de la sortie se dirigeait contre la position des Wurtembergeois, avec une masse de 40,000 hommes; les Wurtembergeois qui n'avaient là que deux brigades, une dizaine de mille hommes, durent se replier naturellement devant des forces aussi supérieures, et les Français occupèrent les villages abandonnés de Villiers. Champigny et Bonneuil. Après l'arrivée des renforts des 2ᵉ et 6ᵉ corps prussiens, la marche des Français fut arrêtée, et vers la soirée ils durent se retirer dans leurs forts.

En même temps que cette attaque principale avait lieu contre la Marne, les Français en firent deux autres; l'une dirigée contre la garde prussienne et le corps saxon, l'autre contre le 4ᵉ corps prussien. Le combat contre le 4ᵉ corps paraît avoir été le plus vif; il eut lieu à Epinai, petit village à 3 kilomètres à l'est de Saint-Denis; les Allemands accusent là parmi leurs morts et blessés 17 officiers. On a évalué les forces françaises qui firent ces diverses sorties à 80,000 hommes environ.

Voici quelques détails sur le combat des Saxons. Les avant-postes durent soutenir le premier choc, mais avant midi, trois régiments saxons, 104, 106, 107, sous le général de Nehrhof, et une brigade wurtembergeoise, arrivèrent au champ de bataille, en tout environ 18,000 combattants; la marche des Français n'avait pas duré longtemps, lorsque l'on s'aperçut que leur but était les villages de Champigny, Villiers et Noisy-le-Grand; les Allemands s'élancèrent sur le plateau pour refouler cette attaque, mais arrivés en haut, ils furent salués par un feu croisé des forts de Nogent et du Mont-Avron, qui fut très-meurtrier; après des efforts inouïs, les Allemands durent abandonner le plateau et laisser aux mains des Français les villages de Villiers, Champigny et Brie. Les assiégeants se trouvèrent dans une position assez critique, car les troupes françaises victorieuses dans leur première attaque, s'élancèrent sur la ligne saxonne; mais ceci ne dura pas, on sentit de part et d'autre le besoin d'un repos. Lorsque la bataille fut reprise, le colonel saxon Abendroth fit changer la face du combat; il se mit à la tête d'une partie de troupes saxonnes et s'élança sur Villiers; un combat terrible s'engagea, on se fusilla presque à bout portant; après une résistance opiniâtre, les Français furent rejetés du village en laissant beaucoup de prisonniers aux mains des Saxons. Le combat se continua jusque dans les champs derrière Villiers, mais on rencontra une batterie de mitrailleuses qui travaillait avec une rapidité foudroyante. Le colonel eut deux chevaux tués sous lui, cependant il poussa toujours en avant et fit encore beaucoup de prisonniers, mais alors les forts reprirent leur feu; les Allemands ripostèrent aussi et leurs grenades firent également des ravages terribles. Vers 5 heures, les Français se retirèrent, à l'exception des troupes occupant Champigny et Brie.

Dans la matinée du 1er décembre, les Allemands concentrèrent à Noisy-le-Grand de fortes masses de troupes, qui furent encore appuyées par quelques troupes du 2e corps; on s'attendait à une nouvelle attaque, mais la journée se passa tranquillement, et l'après-midi les Allemands renvoyèrent la plus grande partie des troupes dans leurs quartiers.

Le 2 décembre, on voulait reprendre les villages de Brie et Champigny, mais les Français furent prêts de bonne heure, et vers 4 heures, on signala de nouvelles colonnes qui passèrent la Marne, sans doute pour prendre Villiers et Noisy-le-Grand. Les forces allemandes comptaient en tout environ 25,000 hommes, avec une artillerie nombreuse, mais qui dans ce terrain ne put se développer suffisamment. Vers 7 heures du matin quelques régiments saxons s'avancèrent vers Brie, et bien que cette position soit excellente à cause du chemin de fer qui y passe et plusieurs ponts traversant la Marne, l'attaque des Saxons fut tellement soudaine et violente que toute résistance devint inutile ; ils prirent le village et firent 300 prisonniers. Vers la même heure, les Wurtembergeois attaquèrent Champigny par leurs chasseurs, les Français répondirent vivement à leur feu, mais après que le combat se fut maintenu quelque temps, ils reculèrent et l'offensive gagna le dessus ; le village fut repris. Aussitôt que les Saxons se furent installés dans Brie, ils envoyèrent leurs prisonniers aux réserves, cependant cette heure de repos fut remplie par le bombardement des forts de Noisy, Nogent, Rosny et du Mont-Avron. Ce feu concentré devint bientôt tellement terrible, que quelques détachements saxons cherchèrent à gagner les ponts de la Marne, tandis que de fortes colonnes françaises débouchèrent de nouveau sous l'abri du feu des forts. Brie ne put plus être maintenu, les Saxons durent se replier encore. Dans ce terrain très-favorable aux Français, ni l'artillerie, ni la cavalerie ne put se rendre utile ; tout le poids du combat dut être porté par l'infanterie. Vers 3 heures, le combat cessa ; Français et Allemands se retirèrent, mais les premiers occupèrent de nouveau Champigny ; les forts se turent bientôt aussi et en fin de compte la journée resta indécise. Les pertes doivent avoir été grandes des deux côtés ; les Saxons seuls annoncent pour les deux journées du 30 novembre et 2 décembre, 76 officiers et 2,100 soldats hors de combat.

Les journées du 3 et du 4 décembre furent tranquilles ; le 4, les Français se retirèrent derrière la Marne, abandonnant Champigny et Brie, et un grand nombre de leurs morts, parmi lesquels plusieurs officiers, même supérieurs ; par contre, ils emportèrent les meilleurs morceaux des nombreux chevaux tués ; ce qui indique que la viande fraîche était déjà rare. La sortie n'avait pas réussi ; mais les Français, composés presque entièrement de troupes de ligne, nommés régiments de marche, se sont bravement battus. Le 30 novembre, c'était le général Vinoy qui commandait ; les 2 et 3 décembre, c'était le général Ducrot.

Après une inactivité de presque trois semaines, le général Trochu entreprit le 21 décembre une autre grande sortie. Comme dans celle du 30 novembre, on avait cherché la jonction avec l'armée de la Loire, dans celle-ci, il était évident que l'on espérait pouvoir rejoindre Faidherbe, qui opérait dans le Nord, entre Amiens et Laon ; du reste, la direction de la sortie l'indiquait assez bien. Elle fut annoncée comme toujours par une canonnade des forts, qui ne fit jamais grand mal, mais qui servait très-bien de signal d'alarme pour les lignes allemandes ; la sortie fut faite avec 3 divisions et dirigée contre deux points différents, chaque partie de troupes se servant de deux routes, de sorte que, par le fait, il y eut attaque sur quatre points à la fois. Au nord-est, on marcha sur les positions occupées par la garde prussienne, à l'est contre les Saxons.

Les Français sortirent, sous la protection du feu des forts de Saint-Denis, d'Aubervilliers, de Romainville, de Rosny et de Nogent. Le premier point d'attaque était Stains, au nord du fort de la Double Couronne de Saint-Denis, sur la route de Gonesse ; le deuxième point était de nouveau le Bourget ; le troisième était Bobigny, situé sur la route dite des Petits-Ponts, au nord du canal de l'Ourcq ; le quatrième était le village de Rosny et celui de Neuilly ; mais les troupes avaient ordre de pousser, si possible, jusqu'à Chelles, situé sur la route de Strasbourg. Stains et le Bourget furent abandonnés d'abord par les avant-postes allemands, mais très-peu de temps après repris par quelques bataillons de la garde prussienne ; nulle part Trochu ne put parvenir à percer l'investissement ; il paraît que dans ce combat, l'artillerie allemande joua le principal rôle. Le 22, les Français attaquèrent avec deux brigades l'aile gauche de la position saxonne, mais sans succès également, car deux batteries wurtembergeoises, en position sur la rive gauche de la Marne, purent prendre les Français en flanc, et ils ne résistèrent pas longtemps à ce feu meurtrier. Les pertes insignifiantes des Allemands dans ces combats et les pertes très-fortes des Français, parmi lesquelles plus de mille prisonniers non blessés, indiquaient que la force de résistance de l'armée de Paris n'était plus la même, et qu'elle n'était plus capable d'une offensive vigoureuse.

Le 27 décembre, les Allemands ouvrirent leur feu contre les ouvrages français ; le premier attaqué fut le Mont-Avron, et après deux jours d'un feu bien dirigé et nourri, il fut réduit au silence ; on y prit beaucoup de munitions et deux canons encloués. Deux compagnies allemandes s'avancèrent jusqu'au village de Rosny. Le 28, on bombarda la gare de Noisy-le-Sec avec beaucoup de succès, et l'artillerie française, cantonné à Bondy, dut abandonner cette position.

A Bordeaux, on annonça que l'attaque du Mont-Avron avait été glorieusement repoussée, et que les Prussiens y avaient perdu 7 à 8,000 hommes ; rien que cela. Quel amour de la vérité !

La vérité est que les troupes concentrées derrière ce

fort, furent saisies d'une telle panique, lorsque les premières bombes arrivèrent, qu'elles s'enfuirent sans ordre à toutes jambes jusqu'aux forts et même au delà ; voilà la glorieuse défense du Mont-Avron ; la garde nationale, bien entendu parfaitement à l'abri du feu, croisait la baïonnette pour les arrêter, *et leur lança des apostrophes à la fois énergiques et patriotiques*, dit un journal de Paris. Mais si la garde nationale avait été à leur place qu'aurait-elle fait? A Paris, la prise du Mont-Avron fit une impression profonde.

Les forts de l'Est furent bombardés à leur tour, le 31 décembre et le 1er janvier, avec quelque succès ; car ils renoncèrent bientôt à répondre ; dans le fort de Rosny, les bombes allemandes percèrent même des casemates.

Le 5 janvier, les Allemands ouvrirent le feu contre les forts du Sud, surtout contre ceux d'Issy, Vanvres, Montrouge, le Point-du-Jour, et contre les canonnières sur la Seine.

Dans la nuit du 7 au 8, on dirigea le feu sur Paris même ; il continua avec quelques interruptions jusqu'à minuit du 26 janvier, heure à laquelle l'armistice commença pour Paris.

Nous ne suivrons pas ce bombardement jour par jour, car que dire d'une opération pareille ! Le résultat ne fut pas énorme en fait de destruction de bâtiments, et la population le supporta très-bien, beaucoup mieux même que les Allemands ne l'avaient cru.

Dans le premier moment, les Parisiens ont peut-être éprouvé quelques heures de panique, mais leur caractère insouciant et aventureux les fit changer d'idée bientôt ; on cria beaucoup lorsque des personnes furent blessées ou tuées par des bombes, traitant les Allemands de sauvages et de barbares; mais ils étaient flattés en même temps, car ils pouvaient d'autant plus se poser en héros, et taxer leur résistance de sublime, d'incomparable! Si les Allemands n'avaient pas bombardé, ces mêmes individus auraient fait des phrases aussi ronflantes, disant que l'ennemi n'avait pas osé s'attaquer à la ville sainte, la tête de la civilisation, le cerveau de l'humanité (style Victor Hugo).

Contentons-nous d'indiquer les principaux points qui ont été atteints par les bombes allemandes :

Le quartier du Jardin des Plantes, le Luxembourg, faubourg Saint-Germain, Hôtel des Invalides, Montrouge, Vaugirard, Grenelle, Auteuil, les rues de Gay-Lussac, de Babylone, du Bac, l'église de Saint-Sulpice, la Sorbonne et l'hôpital du Val-de-Grâce, l'École militaire, l'Entrepôt des vins; le point le plus éloigné qui ait été atteint par les batteries allemandes du Sud, était l'Ile Saint-Louis. Quant au nombre d'habitants qui furent tués ou blessés pendant le bombardement, le journal *le Temps* les porte à 383, 67 enfants, 115 femmes et 201 hommes.

Dans la soirée du 13, les Français essayèrent de pousser une pointe sur le Bourget; comme la nuit très-sombre et un brouillard très-fort protégeaient leurs troupes, on ne sut au juste quelles forces on avait devant soi, mais d'après la fusillade très-violente, les Français devaient être en nombre assez grand; de plus le bruit des grands projectiles indiquait que l'artillerie des forts s'en mêlait également. Mais lorsque les signaux d'alarme des Allemands retentirent sur toute la ligne, et que leurs batteries de grosses pièces répondirent, les Français en avaient déjà assez ; un régiment de la garde prussienne qui accourait au secours des avant-postes ne dut même pas entrer en ligne ; les quelques compagnies occupant le Bourget suffirent pour maintenir leur position. Les Français renouvelèrent leur attaque trois fois, mais chaque fois ils furent refoulés.

Dans les nuits du 14 au 15 et du 15 au 16, on tenta de nouveau des sorties, mais avec le même insuccès. Vers Clamart et Meudon, on en fit de semblables ; toujours avec le même résultat.

La dernière, la suprême sortie, le va-tout fut joué le 19 janvier. D'après le correspondant du *Daily News*, à Paris, M. Labouchère, on fit avancer les troupes pour cette sortie pendant toute la journée du 18 ; ce furent des troupes de ligne, ayant l'air fatiguées et déguenillées, et puis des bataillons de marche de la garde nationale, tous frais et nouvellement équipés ; tout le monde pourtant partait de bonne humeur, chantant et riant ; ces troupes passèrent le pont de Neuilly et campèrent la nuit dans la presqu'île de Genevilliers. M. Labouchère évalue ces forces à environ 150,000 hommes ; d'après d'autres, il n'y avait que 100,000, avec une nombreuse artillerie ; le but paraît avoir été Versailles ; chaque soldat avait pour 4 ou 5 jours de vivres avec lui. Le plan semblait être l'attaque de Montretout et de Garches par une moitié de l'armée, sous Vinoy ; l'autre moitié, sous Ducrot, devait s'avancer par Reuil et Malmaison, prendre les hauteurs de La Jonchère et de se réunir alors à Garches aux troupes de Vinoy. Le général Trochu dirigeait le combat d'un observatoire au Mont-Valérien. A sept heures du matin des troupes furent lancées contre la redoute de Montretout, où 200 hommes d'un régiment prussien (polonais) firent une résistance si opiniâtre que la redoute ne fut prise qu'à 9 1/2 heures; on ne trouva aucun canon dans cet ouvrage.

En même temps, le général Bellemare, qui commandait une des divisions du corps de Vinoy, marcha sur Garches et repoussant les avant-postes allemands, s'établit sur les hauteurs de Buzenval. Les Prussiens ouvrirent alors un feu tellement violent que Bellemare ne put plus avancer, et à Montretout on ne parvient pas à établir un seul canon. Ceci dura jusqu'à 2 heures de l'après-midi; à cette heure, les renforts de Versailles arrivèrent et attaquèrent de suite en colonnes la position de Bellemare; en même temps, on lança une grêle de grenades sur les réserves, composées de gardes nationaux ; c'étaient de jeunes troupes et pour elles rien n'est si terrible que d'attendre sans broncher sous une pluie de boulets; bientôt elles furent désorganisées et commencèrent à reculer. Leurs camarades sur les hauteurs qui avancèrent pourtant contre les colonnes prussiennes, se voyant abandonnés par la réserve, plièrent alors également dès que les colonnes prussiennes les atteignirent; le centre fut donc enfoncé et perdu. On rassembla vite chez les Français un conseil de guerre; par ses ordres sans doute, on abandonna Montretout et une position à gauche de cet endroit, que l'on avait pu maintenir jusqu'alors. Lorsque la nuit arriva, les Français reprirent leurs positions du matin, et les Prussiens firent de même. Personne ne parut savoir ce qu'était devenu le général Ducrot ; on apprit plus tard qu'il avait passé facilement par Reuil et Malmaison, et qu'il avait combattu toute la journée près de la Jonchère, mais il ne put prendre la Celle-Saint-Cloud et marcher sur Garches en tournant la Bergerie. Il paraît qu'une partie de ses troupes, au lieu d'être en ligne le matin, ne le fut qu'à midi, à cause du merveilleux système de barricades dont on avait gratifié Paris, et qui ne leur permit que de passer pour ainsi dire un à un, ou les força de les escalader. Encore une faute ou une négligence de l'état-major, qui n'aurait pas dû indiquer pour la marche des rues barricadées qu'il devait connaître.

Voici maintenant le récit de cette journée d'après les rapports allemands :

Le point principal des combats du 19, se trouvait sur les hauteurs de Garches. La 9e division du 5e corps prussien, général Kirchbach, commandée par le général de Sandrart, reçut l'ordre à 9 1/2 heures du matin de marcher de Versailles sur Jardy et d'y rester provisoirement en réserve; avant midi, trois bataillons s'y trouvèrent en position Au-dessus de Garches se trouve le château La Bergerie, incendié pendant le siége; un bataillon du 50e régiment le défendait, soutenu par une compagnie de chasseurs. Les Français arrivèrent jusque dans le parc du château, et comme ils attaquèrent en colonnes et en nombre supérieur, ces quelques troupes allemandes eurent une tâche très-difficile, mais elles réussirent pourtant, et les Français ne purent pénétrer dans le château.

Entre-temps on avait donné aux troupes de réserve l'ordre d'envoyer deux bataillons à l'assaut des hauteurs de Garches, sur lesquelles les Français appuyaient de toutes leurs forces. Le colonel de Kœthen avança avec 3 compagnies vers ces collines; les Français, bien abrités derrière la lisière du bois, ouvrirent un feu violent qui ne le cédait en rien à celui de Wissembourg ou de Wœrth; les Allemands avancèrent quand même, lorsque de nouveaux bataillons français débouchèrent de Rueil; les Allemands envoyèrent un autre bataillon pour appuyer leur attaque, et dirigèrent en même temps un bataillon du 47e régiment contre le flanc de l'ennemi, pour attaquer les hauteurs du côté de La Bergerie. Deux compagnies seulement de ce bataillon prirent part au combat; les autres restèrent en réserve à La Bergerie, pour soutenir cette position si l'ennemi essayait une nouvelle pointe de ce côté; ce qui n'eut pas lieu. Les Français abandonnèrent les hauteurs de Garches vers la nuit, lorsque les batteries allemandes parvinrent à les atteindre par leur grenades. Dans la soirée, ces mêmes batteries appuyèrent l'infanterie contre la redoute de Montretout, mais la résistance y fut nulle. — Comme les Français campaient dans leurs positions devant la ville, on crut à une nouvelle attaque pour le 20, et les Allemands prirent leurs précautions; mais rien ne vint; on fit prisonnier une petite troupe de 329 hommes avec 18 officiers, qui s'étaient retranchés dans quelques villas entre Saint-Cloud et Montretout; on ne les avait point remarqués, à cause de la nuit; ils restèrent dans leur position avancée, croyant également à la reprise du combat le lendemain; mais quelques compagnies allemandes les cernèrent, et voyant que la résistance était inutile, les Français se rendirent.

Les Allemands, combattant presque partout dans des positions abritées, n'éprouvèrent pas de grandes pertes, ils annoncent 39 officiers et 616 hommes hors de combat, tandis que les Français, d'après leurs journaux, ont perdu 7,000 hommes environ, d'après les journaux anglais même 9 à 10,000. Ils abandonnèrent un millier de morts sur le champ de bataille, et Trochu dut demander 48 heures de repos pour enterrer ses morts ; ce qui lui fut accordé pour la ligne de Saint-Cloud à Garches.

Le 21 janvier, les Allemands commencèrent le bombardement de Saint-Denis, qui dura sans interruption pendant deux jours environ ; la ville fut presque détruite et ses forts ne répondirent plus. Ce fait fit une impression très-grande à Paris ; il y eut un essai de révolte le 22 ; Trochu se démit du commandement, et Vinoy en fut chargé. Dès le 23, M. Jules Favre se rendit à Versailles pour entamer les négociations en vue de la capitulation, qui fut couclue le 26. Tous les forts furent occupés le 29, par les Allemands, et l'armée de Paris resta prisonnière de guerre dans la ville, avec l'obligation de livrer armes et canons ; on excepta 12,000 hommes qui gardèrent leurs armes pour le maintien de l'ordre.

Quelques journaux ont cru que cette mesure avait été prise pour honorer la glorieuse défense de Paris, tandis qu'il s'agissait simplement pour les Allemands de ne pas augmenter les prisonniers chez eux, et de s'épargner le transport de 120 à 150,000 hommes en Allemagne que l'on aurait dû retransporter en France quelques semaines plus tard, car il était facile à prévoir que la paix suivrait bientôt la prise de Paris et l'armistice conclu.

La population crut d'abord à un armistice seulement, parce qu'on ne l'avait pas consultée, lorsque le feu de toutes les batteries allemandes et françaises cessa à mi-

·nuit du 26 ; elle fut fort surprise lorsqu'elle sut de quoi il s'agissait ; bien entendu le parti extrême, les têtes chaudes crièrent beaucoup, mais en somme, la population comprit qu'elle était à la fin et qu'elle n'avait presque plus de vivres. Dans les derniers jours, le pain était devenu presque noir, on y ajoutait du riz, de l'avoine, et, malgré les assertions contraires du gouvernement, il avait dû être rationné, 300 grammes par jour ; de la viande de cheval on n'en accordait plus que 25 à 30 grammes par jour, et la distribution se faisait deux fois par semaine seulement ; les habitants étaient forcés de faire queue pendant trois ou quatre heures, dans une boue profonde ou par un froid rigoureux.

Le combustible manquait complétement ; du vieux bois à moitié pourri se vendait 5 francs les cent livres, trop cher pour la plupart des demandeurs. Les rats se vendaient de 75 centimes à 1 franc 50 centimes ; la livre de viande de chien 2 à 3 francs. Les légumes étaient presque introuvables ou coûtaient des prix fabuleux. A Saint-Denis seulement, les vivres étaient en abondance encore, viande fraiche de bœuf et de mouton, poulets, pain blanc, etc., et les prix n'étaient presque pas augmentés.

On voit donc bien que la situation de Paris était mûre pour la capitulation et que ceux qui prétendent le contraire ne voulaient ou ne pouvaient s'en rendre compte. Bien entendu on a accusé le gouvernement de n'avoir rien fait de bien, c'est du reste la conduite qu'on tient envers tout gouvernement à Paris.

En même temps que la capitulation, on signa un armistice de trois semaines d'abord, prolongé plus tard deux fois encore de quelques jours chaque fois. Il commença à Paris le 26, comme nous l'avons dit, pour la province il devait commencer trois jours plus tard ; l'Est, où Bourbaki combattait pour débloquer Belfort, fut excepté, parce que le gouvernement de Paris ne voulait pas rendre Belfort, condition absolue des Allemands pour l'armistice dans ces départements ; quelques jours après, il fut prouvé par les faits, combien le gouvernement de Paris se faisait illusion sur la situation dans cette contrée.

Pendant l'armistice, on convoqua une assemblée nationale pour nommer un gouvernement qui pût traiter des conditions de la paix ; Gambetta fit quelques difficultés, mais voyant qu'il n'aboutissait à rien, il donna sa démission, heureusement pour la France. Le 26 février, les préliminaires de paix furent signés à Versailles, aux conditions suivantes : les provinces de l'Alsace et de la Lorraine allemande avec Metz resteraient à l'Allemagne, mais Belfort serait rendu aux Français ; de plus, la France payerait une indemnité de guerre de cinq milliards de francs. Ces conditions furent ratifiées par l'Assemblée nationale par 536 oui contre 107 non ; une majorité significative pour les républicains rouges et les amateurs d'une résistance à outrance.

Est-ce que la France n'aurait pas mieux fait de conclure la paix après Sedan ? Dans ce cas, Metz lui serait resté sans doute, et l'indemnité de la guerre aurait été beaucoup moins lourde. Les conséquences des belles phrases ont donc été désastreuses pour le pays, et il faut espérer que le peuple français comprendra enfin qu'il vaut mieux avoir des gens modérés et capables au gouvernement que des têtes exaltées, aveuglées par la haine et la vanité.

Quant aux menaces qu'on lance maintenant contre les Allemands, elles sont puériles ; on dit de nouveau que le seul nom de *Prussien* sera une injure sanglante ; mais on oublie que l'on disait la même chose avant la guerre actuelle, et si nous pouvions parcourir des journaux de 1814 et 1815, nous sommes persuadés que les menaces de vengeance s'y trouvent aussi bien qu'aujourd'hui. Nous espérons pour l'honneur et le bien-être de la France que ces menaces ne seront pas mises à exécution, et qu'elle comprendra mieux, dans quelque temps, ses intérêts. La France a été conquérante, mais aujourd'hui qu'elle a voulu continuer ses conquêtes et renouveler contre l'Allemagne une guerre au dernier point injuste, on lui reprend une partie de ses conquêtes, ce n'est que justice ! Oui, mais on devrait consulter les populations des provinces prises ; il nous semble qu'on le fait, en laissant à chacun la faculté de rester Français, s'il le veut. Que doit-on penser, du reste, de cette insistance pour un plébiscite, lorsque les hommes qui ont traité de la paix offrirent d'acheter le Luxembourg, pays neutre, pour le céder à la Prusse, si celle-ci voulait laisser Metz à la France ! On voit toujours le même système ; tout est permis à la France, mais rien aux autres pays, et la France devra dorénavant s'habituer à ne plus suivre ce système. Elle a voulu constamment se mêler des affaires des autres nations, désormais l'Allemagne le lui défend ; l'égalité entre les nations, c'est-à-dire la faculté de faire dans ses limites ce que chacune juge à propos de faire, voilà ce que l'Allemagne veut aujourd'hui. La France a toujours agi ainsi pour elle, pourquoi les autres nations n'auraient-elle pas les mêmes droits? Qu'elle comprenne la leçon et qu'elle s'applique avant tout à rétablir chez elle l'ordre, le commerce, l'instruction et la moralité publique.

FIN

TABLE DES MATIÈRES.

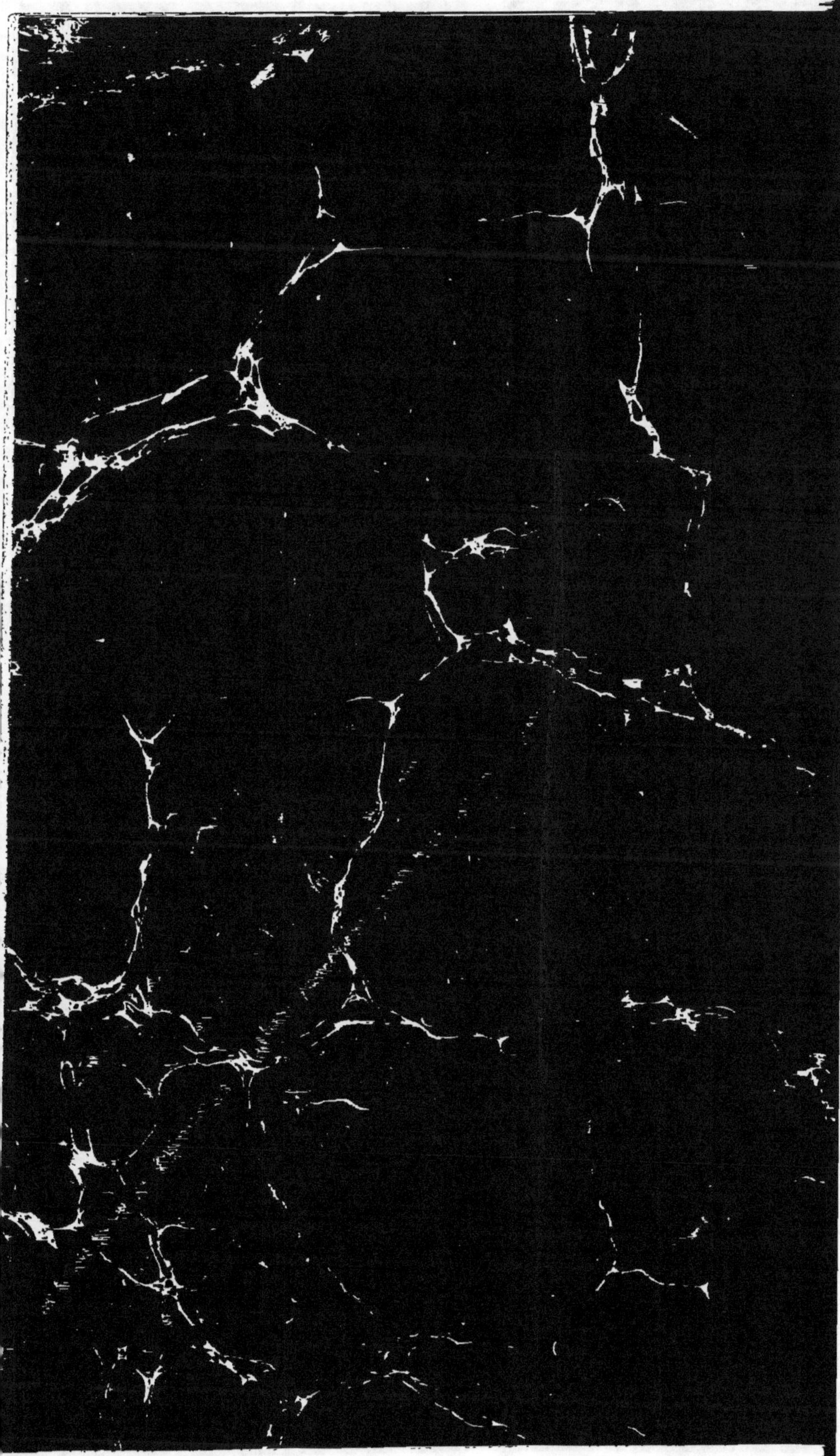